W0207928

# WiEN KOCHT

*Edition*
GOURMETREISE

11 DER ANGESAGTESTEN STARS DER WIENER KOCHSZENE GEWÄHREN EINEN BLICK HINTER DIE KULISSEN UND PRÄSENTIEREN IHRE IDEEN UND BESTEN REZEPTE.

Edition
GOURMETREISE

# WiEN KOCHT

erich cochlar

Jacqueline Pfeiffer | 38 |

Kurt Bortoli | 78 |

# INHALT

**„WIEN KOCHT" – 128 SEITEN VOLLER GENUSS:**
ERSTMALS ÖFFNEN 11 DER ANGESAGTESTEN KÖCHE WIENS IHRE PERSÖNLICHEN REZEPTBÜCHER UND GEWÄHREN EINEN EXKLUSIVEN EINBLICK IN IHRE RESTAURANTS UND KÜCHEN.

# 11 RESTAURANTS 11 STARKÖCHE UND IHRE BESTEN REZEPTE

Die besten Köche und die trendigsten Restaurants der Donaumetropole! Seite für Seite liefert Ihnen dieses außergewöhnliche Kochbuch exklusive Einblicke hinter die Kulissen der 11 angesagtesten Wiener Herdkünstler. Erleben Sie die Meister in ihren Kreativstätten und lassen Sie sich inspirieren von den persönlichen Küchengeheimnissen und launigen Anekdoten, welche die Starköche auf den folgenden Seiten erstmals preisgeben.

Autor Michael Pech, als Chefredakteur des internationalen Reise- und Genussmagazins „GourmetReise" ein Kenner auch der Wiener Restaurantszene, tauchte für dieses Buch noch einmal ein in die herausragendsten kulinarischen Höchstleistungen, die unter dem Stephansdom vollbracht werden, und porträtiert die Stars und ihre Restaurants von einer Seite, die Sie bislang noch nicht kannten.

Einzigartig: Für „Wien kocht" öffnen die Stars erstmals ihre persönlichen Rezeptbücher und servieren Ihnen 33 genussvolle Gerichte aus ihrer eigenen Speisekarte zum einfachen Nachkochen. Garniert sind die Rezepte mit exklusiven Profitipps der Küchenmeister, die für ein absolutes Gaumenfeuerwerk sorgen werden und ein perfektes Gelingen garantieren. Bildlich in Szene gesetzt hat die Gerichte der international bekannte Food-Fotograf Werner Krug. Somit ist auch ein Augenschmaus garantiert! Treten Sie in die Fußstapfen der Starköche und verwöhnen Sie zu Hause Ihre Familie und Ihre Freunde mit den kreativen Rezeptideen der Wiener Kulinarik-Elite oder statten Sie den Küchenmeistern persönlich einen Besuch in ihren Restaurants ab!

So oder so, hier sind Sie mittendrin im schönsten aller Vergnügen: dem Genuss! Wir wünschen Ihnen viel Freude und Spaß beim Schmökern und Genießen. Wien kocht! Kochen Sie mit!

Jürgen Pichler
Herausgeber

Harald J. Koch
Herausgeber

GRÜNES DOMIZIL:
**WERNER PICHLMAIER** LÄUTET MIT SEINER LEICHTEN KREATIVKÜCHE IM GOURMET-RESTAURANT **„ANNA SACHER“** EINE NEUE ÄRA IN DER KULINARISCHEN GESCHICHTE DES EHRWÜRDIGEN HOTELS EIN.

# FARBE IN DIE SACHER TRADITION

Das Sacher! Tafelspitz! Schnitzel! Die weltberühmte Sachertorte! Von der einzigartigen Wiener Küche des wohl traditionsreichsten Hotels in Österreich ließen sich schon Könige und Präsidenten begeistern, wie zum Beispiel Queen Elizabeth II. oder John F. Kennedy, die mit höchster Kulinarik und Wiener Charme im Restaurant „Rote Bar“ reihenweise eingekocht wurden. Neuerdings lohnt es sich aber auch, ein paar Schritte weiterzugehen, durch die Lobby, vorbei an der „Blauen Bar“, hinein in Wiens angesagtes Gourmet-Restaurant, das „Anna Sacher“ – der kreativen Genuss-Spielwiese des Steirers Werner Pichlmaier. Dort serviert der „Steirereck“-Schüler, der im elterlichen Betrieb in Graz gelernt hat, seine typische leichte und zeitgemäße Interpretation der klassischen österreichischen Küche. Ein Genuss-Feuerwerk!

# EIN EXKLUSIVES STÜCK ÖSTERREICH

Anna Sacher
Hotel Sacher
Philharmonikerstraße 4
A-1010 Wien
Tel.: +43 (0) 1/51 45 60
E-Mail: wien@sacher.com
www.sacher.com

Dieses Haus ist Legende, ohne jemals in die Jahre gekommen zu sein. Nicht zuletzt deshalb, weil es geführt wird von einer der charmantesten Gastgeberinnen Österreichs: Elisabeth Gürtler. Die langjährige Organisatorin des weltberühmten Wiener Opernballs weiß es, die traditionsreichen Gemäuer zeitgemäß und glanzvoll in Szene zu setzen. 320 Mitarbeiter sowie 152 stilvolle Zimmer und Suiten eröffnen ein Reich gelebter Gastlichkeit auf höchstem Niveau. Nicht nur wegen der „Original Sacher-Torte" steht in diesem Haus die Kulinarik im Mittelpunkt. Kaum wo in Wien erlebt man den Genuss stilvoller als in den prunkvollen Räumen der Sacher-Restaurants „Rote Bar" oder im 2008 eröffneten „Anna Sacher", das vom berühmten französischen Innenarchitekten Pierre Yves Rochon luxuriös umgebaut wurde.

HOTEL
HOTEL SACHER

# MARINIERTE BACHKREBSE
## mit Avocado und Papaya-Relish

FÜR 4 PERSONEN:

**PAPAYA-RELISH:**
1 **Schalotte**
2 Stangen **Zitronengras**
3 **Korianderstängel**
1 **Chilischote**
100 ml **Geflügelfond**
50 ml **Merin**
20 ml **Apfelessig**
2 g **Pektin**
1 EL **Senfkörner**, blanchiert
1 **Papaya**
50 ml **Pinienkernöl**
**Salz**, **Pfeffer**
1 EL **Koriander**, gehackt

**BACHKREBSE:**
16 **Krebse**
**Kümmel**, ganz
1 Zweig **Dill**
**Salz**

**AVOCADO:**
1 **Avocado**
**Olivenöl** und **Limettensaft**
150 ml **Krustentierfond**
1 Bund **Kerbel**

**PAPAYA-RELISH:** Die Schalotte würfeln, das Zitronengras fein schneiden. Beides in etwas Pinienkernöl anschwitzen. Korianderstängel und Chilischote beigeben. Mit Geflügelfond, Merin, Apfelessig und Pektin aufkochen und 10 Minuten ziehen lassen – danach passieren. 2 EL der Marinade für die Bachkrebse reservieren. Die Papaya schälen, Kerne entfernen und in feine Würfel schneiden. Die Papayawürfel unter die Senfkörner-Marinade heben, das Pinienkernöl hinzufügen und mit Salz und Pfeffer abschmecken. Das Relish kalt stellen und am Schluss den Koriander beigeben.

**BACHKREBSE:** Die Krebse in kochendem Salzwasser mit Kümmel und Dill für 2 Minuten köcheln lassen. Im Eiswasser abschrecken. Schwänze und Scheren ausbrechen und kaltstellen.

**AVOCADO:** Avocado schälen, in kleine Spalten schneiden und mit den übrigen Zutaten marinieren.

**ANRICHTEN:** Relish mittig in Rechteckform auf den Teller anrichten, Avocadospalten daraufsetzen. Bachkrebse in der restlichen Marinade kurz erwärmen und auf das Relish geben. Krustentierfond aufmixen und in ein kleines Gläschen geben. Mit Kerbel garnieren.

**PROFITIPP:**
« **Wer nach einer Alternative sucht, kann statt Bachkrebsen auch Garnelen verwenden.**
Werner Pichlmaier, Küchenchef

**WEINEMPFEHLUNG:**

**CUVÉE LEITHABERG WEISS 2006**
WEINGUT ERWIN TINHOF
EISENSTADT, NEUSIEDLER SEE
Ein wunderbarer Speisenbegleiter – mild und elegant! www.tinhof.at

**SCHWIERIGKEITSGRAD:** MITTEL | **ZUBEREITUNGSZEIT:** 1 STUNDE

# RÜCKEN VOM LAMM
## mit Poveraden und Erdäpfelspänen

FÜR 4 PERSONEN:

**LAMMRÜCKEN:**
600 g **Lammrücken** mit Fettrand
**Salz, Pfeffer**
**Olivenöl**
**Rosmarin, Thymian**

**POVERADEN:**
16 kleine **Artischocken**
2 **Zitronen**
4 **Knoblauchzehen**
6 **Schalotten**
2 **Thymianzweige**
**Olivenöl**

**ERDÄPFELSPÄNE:**
200 g **Erdäpfel**
**Öl** zum Frittieren

**ANRICHTEN:**
300 ml **Lammfond**

**LAMMRÜCKEN:** Den Lammrücken mit Salz und Pfeffer würzen und in einer heißen Pfanne mit Olivenöl anbraten. Rosmarin und Thymian hinzugeben und im Backofen bei 200 Grad etwa 6 Minuten braten. Warm halten und ruhen lassen.

**POVERADEN:** Artischockenstiele abbrechen, Blätter abzupfen, Heu von den Böden kratzen, Böden sauber zuschneiden und sofort ins Zitronenwasser legen (sonst werden sie braun). Schalotten und Knoblauch schälen, Olivenöl erhitzen. Artischocken, Schalotten, Thymian und Knoblauch beigeben und mit Salz und Pfeffer würzen. Im Rohr langsam schmoren (etwa 8 Minuten bei 170 Grad).

**ERDÄPFELSPÄNE:** Erdäpfel schälen und in 2 cm hohe Zylinder schneiden. Mit Sparmesser rundherum Späne abhobeln und sofort in einen Behälter mit Wasser geben. So werden sie nicht braun und die Stärke wird ausgewaschen. Öl in einer Kasserolle erhitzen und Erdäpfelspäne goldgelb frittieren.

**ANRICHTEN:** Lammrücken in 4 Portionen schneiden und mittig auf dem Teller platzieren. Artischocken an die Seite legen und mit Erdäpfelspänen drapieren. Mit dem Lammfond servieren.

### PROFITIPP:

**« Beachten Sie beim Einkauf des Lammrückens, dass er eine schöne feste Fettschicht hat. Braten Sie den Lammrücken nach dem Rasten nochmals kurz in heißer Butter mit Knoblauch und Kräutern.**

Werner Pichlmaier, Küchenchef

### WEINEMPFEHLUNG:

**PINOT NOIR, JOISAUER**
**WEINGUT KISS**
**JOIS, NEUSIEDLER SEE**
Typischer Pinot Noir mit hohem Fruchtextrakt und kräftigem Tannin, am Gaumen schmeichelnd und vollmundig, intensives Finish.
www.weingut-kiss.at

**SCHWIERIGKEITSGRAD:** MITTEL | **ZUBEREITUNGSZEIT:** 45 MIN.

# HASELNUSS-GIANDUJA-MOUSSE

## und geschmorte Ananas mit Weizenbier

FÜR 4 PERSONEN:

**CRÈME ANGLAISE:**
je 100 g **Milch** und **Obers**
40 g **Dotter**
20 g **Zucker**
2 g **Gelatine**
140 g **Obers**, geschlagen
60 g Haselnuss-**Praline**, 66 %
85 g Haselnuss-**Gianduja**

**SABLÉ BRETON MIT GESCHROTETEM KAKAO:**
60 g **Butter**, leicht gesalzen
20 g **Zucker**, braun
10 g **Dotter**
60 g **Mehl**
10 g **Maizena**
1 g **Backpulver**
9 g **Cru de Cacao**

**GESCHMORTE ANANAS MIT BIER:**
½ **Ananas**
50 g **Zucker**, braun
20 g **Butter**
200 g **Weizenbier**

**CRÈME ANGLAISE:** Milch und Obers aufkochen. Dotter und Zucker der warmen Milch beigeben. Die Crème auf 82 Grad erhitzen, passieren und gleich für die Mousse verwenden.
Gelatine in kaltem Wasser einweichen. Gianduja in eine Schüssel geben und im Wasserbad schmelzen. Die Gelatine in der warmen Crème Anglaise auflösen und Gianduja sowie die Praline dazugeben, alles gut verrühren. Zum Schluss das geschlagene Obers unterziehen und die Masse kalt stellen.

**SABLÉ BRETON MIT GESCHROTETEM KAKAO (BRETONISCHER MÜRBTEIG):** Butter, Dotter und Zucker schaumig rühren und mit Mehl, Maizena, Backpulver und Cru de Cacao vermengen. Für 1 Stunde kalt stellen, danach ausrollen und bei 185 Grad etwa 9 Minuten backen. Den noch warmen Teig in Rechtecke schneiden.

**GESCHMORTE ANANAS MIT WEIZENBIER:** Ananas in dünne Viertel schneiden und mit dem braunen Zucker panieren. Butter in einer heißen Pfanne schmelzen. Ananas beigeben, karamellisieren lassen und mit dem Weizenbier ablöschen. Danach für 20 Minuten bei 200 Grad in den Ofen geben.

**ANRICHTEN:** Die Crème auf den rechteckigen Sabléblättern 1 cm hoch anrichten und mit der geschmorten Ananas belegen.

**PROFITIPP:**

« **Verfeinern Sie das Dessert zusätzlich mit einem Ananas-Gelee. Dazu 3 g Agar Agar und 5 g Zucker vermengen. 500 g Schmorfond aufkochen, Agar Agar-Zucker-Mischung hinzufügen und noch einmal kurz aufkochen. In eine flache Form 200 g geschmorte Ananaswürfel legen und mit dem Fond bedecken. Das abgekühlte Gelee in die gleiche Größe wie das Sablé schneiden und anrichten.**
Werner Pichlmaier, Küchenchef

**WEINEMPFEHLUNG:**

**RUSTER AUSBRUCH 2008**
**WEINGUT HEIDI SCHRÖCK**
**RUST, NEUSIEDLER SEE**
Rosinen, Datteln und Honig in der Nase, voll und geschmeidig am Gaumen.
www.heidi-schroeck.com



**SCHWIERIGKEITSGRAD:** SCHWER | **ZUBEREITUNGSZEIT:** 1–1½ STUNDEN

MANCHE MÖGEN'S HEISS! **DANIEL KRAFT** TISCHT IM **„AT EIGHT"** EINZIGARTIGES AUF: SEINE AROMAKÜCHE ZÄHLT ZU DEN GESCHMACKLICHEN HIGHLIGHTS IM KULINARISCHEN WIEN.

# JÜNGSTER STARKOCH DER STADT

Blutjunge 23 Jahre war Daniel Kraft, als er Anfang 2010 zum Küchenchef des Wiener Szene-Restaurants „at eight" aufstieg und quasi über Nacht zum kulinarischen Jungstar der Stadt hochschoss! Aromaküche heißt die Zauberformel, mit der er die Gaumen seiner Gäste beglückt. In seinem Kreativlabor setzt der junge Meisterkoch höchstpersönlich jene ätherischen Öle an, die für Geschmacksexplosionen sorgen. Das exakte Rezept? Ein gut gehütetes Geheimnis! Bester Fisch, zartestes Fleisch, Beilagen, geprägt von höchster Qualität, seltene Kräuter aus aller Welt – die Kreationen des Jungspunds strotzen vor neuen Einfällen und überraschen gleichzeitig mit einer puristischen Einfachheit. Sein Erfolgsrezept: „Kochen bedeutet Leidenschaft. Ich bin erst zufrieden, wenn ich meine Gäste begeistern konnte!"

# DAS GENUSSVOLLSTE CHAMÄLEON AN DER RINGSTRASSE

Das Schauspiel eines der außergewöhnlichsten Restaurant-Konzepte Europas beginnt jeden Tag pünktlich um drei Uhr nachmittags. Die Wandlung des „at eight" gleicht dem eines Chamäleons: Während Rollos die Fenster hinaus zur Ringstraße verdunkeln, verwandelt sich im Inneren das Restaurant mit seinen 50 Sitzplätzen von der hippen und beliebten Tages-Location in einen der trendigsten Gourmettempel Österreichs. Das frische Lindgrün weicht sattem Rot und Violett, farbenfrohe Hussen kleiden die Stühle, Sitzauflagen in einer „crocodile print"-Optik als Lederimitat machen aus den Fensterbänken lauschige Sitznischen. Hinter der revolutionären Idee steckt Wiens Event-Guru Jürgen Hirzberger, dessen Dienste sich F&B-Direktor Siegfried Pucher exklusiv für das „at eight" gesichert hat.

at eight
The Ring Hotel
Kärntner Ring 8
A-1010 Wien
Tel.: +43 (0) 1/221 22 38 30
E-Mail: ateight@jjwhotels.com
www.ateight-restaurant.com

# WOLFSBARSCH

## mit Kräuter-Buchweizen, Babymangold und Chorizofond

FÜR 4 PERSONEN:

**BUCHWEIZEN:**
3 Schalotten
200 g Buchweizen
Olivenöl
Weißwein
700 ml Hühnerfond

**CHORIZOFOND:**
120 g Chorizo
(spanische Salami)
je 1 Tomate, Lauch,
Stangensellerie
weiße Pfefferkörner, Salz
Senfkörner, Fenchelsamen
1 Lorbeerblatt

**KRÄUTERPASTE:**
Kerbel, Petersilie
Schnittlauch, Liebstöckel
Zitrone, Salz

**WOLFSBARSCH:**
4 Wolfsbarschfilets à 150 g
Butter

**MANGOLD:**
250 g Babymangold

**ANRICHTEN:**
30 g Parmesan

**BUCHWEIZEN:** Schalotten klein hacken und im Olivenöl anschwitzen. Buchweizen kalt abwaschen, zu den Schalotten geben und kurz mitschwitzen. Mit Weißwein ablöschen, etwas Hühnerfond zugießen. Buchweizen alle paar Minuten umrühren und mit Hühnerfond aufgießen, bis er bissfest ist. Den Buchweizen aus dem Topf nehmen und auskühlen lassen.

**CHORIZOFOND:** Vier schöne Scheiben der Chorizo beiseitelegen, den Rest mit Tomate, Lauch und Stangensellerie klein schneiden. Mit 750 ml kaltem Wasser und etwas Weißwein langsam zum Kochen bringen. Den auftretenden Schaum abschöpfen und mit Salz, Pfeffer- und Senfkörnern, Fenchelsamen sowie dem Lorbeerblatt würzen. 1 Stunde leicht köcheln lassen. Trübstoffe anschließend durch ein Geschirrtuch abseihen.

**KRÄUTERPASTE:** Kerbel, Petersilie, Schnittlauch und Liebstöckel in einen Mixer/Mörser geben und mit etwas Olivenöl zu einer Paste verarbeiten. Mit Salz und Zitrone abschmecken.

**WOLFSBARSCH:** Filets von Fett und Gräten befreien und mit Salz und Pfeffer würzen. Auf der Hautseite etwa 4 Minuten mit Olivenöl anbraten. Anschließend etwas Butter in die Pfanne geben, den Fisch wenden und kurz ziehen lassen. Der Fisch sollte noch glasig sein.

**MANGOLD:** Butter in eine Pfanne geben, aufschäumen lassen und den Mangold hineingeben. Mit etwas Hühnerfond ablöschen, etwas zusammenfallen lassen und leicht salzen.

**ANRICHTEN:** Buchweizen mit Kräuterpaste mischen, erwärmen und mit Parmesan abbinden. Alles in einem tiefen Teller anrichten und mit Chorizofond aufgießen. Mit den Chorizoscheiben ausgarnieren.

### PROFITIPP:

« **Als Alternative 2 große Mangoldblätter beiseitelegen, mit Wolfsbarschtatar (roh, fein gehackt und mit etwas Olivenöl und Limette gewürzt) füllen und auf den gebratenen Fisch legen.**

Daniel Kraft, Küchenchef

### WEINEMPFEHLUNG:

**GRÜNER VELTLINER 2009**
**VIESSLINGER STERN**
WEINGUT MARTIN MUTHENTHALER
ELSARN, WACHAU
Als junger Wein noch verhalten in der Nase. Am Gaumen straff, milde Säure; anregend pfeffrige Schärfe.
www.weingut-muthenthaler.at

**SCHWIERIGKEITSGRAD:** MITTEL | **ZUBEREITUNGSZEIT:** 1 ¼ STUNDEN

# ZWEIERLEI TAUBE

mit Maronipüree und Rote-Rüben-Cannelloni

FÜR 4 PERSONEN:

**ROTE RÜBEN:**
4 rote **Rüben**
**Weinessig**
**Zucker, Salz, Kümmel**

**MARONICREME:**
4 **Schalotten**
200 g **Maroni**, geschält
**Butter**
weißer **Portwein**
200 ml **Hühnerfond**
**Salz, Pfeffer**

**TAUBE:**
2 ganze **Tauben** à 400 g
150 g **Semmelbrösel**
**Petersilie**
**Rosmarin, Thymian**, gezupft
**Olivenöl**
**Butter**
**Salz, Pfeffer**
**Mehl**
1 **Ei**

**ROTE RÜBEN:** Einen Topf Wasser mit etwas Weinessig, Zucker, Salz und Kümmel zum Kochen bringen. Die Roten Rüben mit Schale in das kochende Wasser geben. Eine der Rüben nach etwa 20 Minuten aus dem Wasser nehmen und beiseitestellen, die restlichen Rüben weich kochen und zu einem festen Püree verarbeiten. Die beiseitegelegte Rübe schälen und mit der Aufschnittmaschine in dünne Scheiben schneiden. Die Rübenscheiben mit dem abgeschmeckten Püree bestreichen und zu Cannelloni einrollen.

**MARONICREME:** Die Schalotten und Maroni fein hacken und in etwas Butter glasig anschwitzen, anschließend mit weißem Portwein ablöschen, etwas einkochen lassen und mit dem Hühnerfond aufgießen. Weich kochen, mit Salz und Pfeffer würzen und anschließend zu einem feinen Püree verarbeiten.

**TAUBE:** Brust und Keule von der Taube lösen. Bei der Keule den oberen Teil des Knochens sauber vom Fleisch befreien, den unteren Teil zu einer Kugel formen. Semmelbrösel mit Petersilie, Rosmarin und Thymian mischen und mit einem Stabmixer mixen, bis eine schöne grüne Farbe entsteht. Die Taubenbrust mit Salz und Pfeffer würzen und mit der Hautseite in einer heißen Pfanne mit Olivenöl etwa 2 Minuten braten. Taube wenden, etwas Butter in die Pfanne geben und für weitere 4 Minuten (je nach Garstufe) in das auf 100 Grad vorgeheizte Backrohr geben. Keule ebenfalls mit Salz und Pfeffer würzen und mit Mehl, Ei sowie Kräuterpanade panieren. In heißem Olivenöl etwa 3 Minuten backen.

**ANRICHTEN:** Alles schön auf einem Teller platzieren und mit etwas Bratensaft servieren.

**PROFITIPP:**

« **Sollte gerade keine Maronizeit sein, können Sie auch ein Schalottenpüree zu der Taube reichen.**

Daniel Kraft, Küchenchef

**WEINEMPFEHLUNG:**

**PINOT NOIR SIGLOS 2007**
**WEINGUT FAMILIE GESELLMANN**
**DEUTSCHKREUTZ, BURGENLAND**
Mittleres Karmingranat, kräftiger Farbkern. Rotbeerige Frucht, feste Tannine und gut anhaltend, feine Schokonote, mineralisch.
www.gesellmann.at



**SCHWIERIGKEITSGRAD:** MITTEL | **ZUBEREITUNGSZEIT:** 1 STUNDE

# ANANASTARTE
mit Mascarponecreme und Heidelbeersorbet

FÜR 4 PERSONEN:

**HEIDELBEERSORBET:**
100 g **Heidelbeeren**
20 g **Staubzucker**
20 g **Wasser**
20 g **Likör Creme de Cassis**

**MASCARPONECREME:**
150 g **Mascarpone**
50 g **Staubzucker**
**Limetten-** und **Zitronenzeste**
von jeweils einer halben Frucht
4 cl **Mandellikör**
3 Zweige **Thymian**

**ANANASTARTE:**
250 g **Ananas**
150 g **Zucker**
250 g **Blätterteig**
1/8 l **Orangensaft**
2 cl **Grand Manier**

**HEIDELBEERSORBET:** Alle Zutaten zusammenfügen, fein mixen und in den Gefrierschrank stellen. Alle 20 Minuten nochmals durchmixen, damit es nicht zu fest wird.

**MASCARPONECREME:** Den Thymian zupfen. Alle Zutaten zusammengeben und gut miteinander verrühren.

**ANANASTARTE:** Ananas in Scheiben schneiden (etwa 6 Stück pro Tarte) und in einer Schüssel beiseitestellen. Zucker in einer Pfanne karamellisieren und mit Orangensaft und Grand Manier ablöschen. Kurz kochen lassen, bis der Zucker sich ganz aufgelöst hat, und die Ananasscheiben damit übergießen. Ziehen lassen.
Den Blätterteig etwa 1/2 cm dick ausrollen und in 6 mal 4 cm große Stücken schneiden. Den Teig mit einer Gabel etwas einstechen, damit er nicht so stark aufgeht. Mit Butter bestreichen und im vorgeheizten Ofen bei 180 Grad etwa 14 Minuten backen. Aus dem Ofen nehmen und kurz auskühlen lassen. Falls der Teig zu weit aufgegangen ist, mit einem zweiten Backblech beschweren, damit er schön flach bleibt.
Blätterteigboden mit etwas Mascarponecreme bestreichen und Ananasstücke darauf anordnen. Eventuell ein wenig zurechtschneiden.

**ANRICHTEN:** Alles schön auf einem Teller anrichten und ein Nockerl der Mascarponecreme dazugeben. Das Sorbet erst unmittelbar vor dem Servieren auf den Teller geben. Mit etwas Thymian ausgarnieren.

## PROFITIPP:

« **Als Garnitur eignen sich Ananaschips. Dazu hauchdünne Ananasscheiben durch etwas Läuterzucker (je zur Hälfte Zucker und Wasser) ziehen und bei 70 Grad im Ofen etwa 1 Stunde trocknen lassen.**
Daniel Kraft, Küchenchef

## WEINEMPFEHLUNG:

**RUSTER AUSBRUCH 2004**
**AM FUSSE DES BERGES**
WEINBAU WENZEL
RUST, NEUSIEDLER SEE, HÜGELLAND
Mineralität und eine vitale Säure verleihen dieser Süßweinkreszenz Leichtigkeit und Trinkvergnügen. Ein großes Versprechen für die nächsten Jahrzehnte.

**SCHWIERIGKEITSGRAD:** LEICHT | **ZUBEREITUNGSZEIT:** 50 MIN.

ER IST DER PERSONIFIZIERTE GESCHMACK! **MAX AICHINGER** REVOLUTIONIERT DIE WIENER KÜCHE MIT SEINEN KREATIVEN KREATIONEN UND SCHLÄGT EINEN VÖLLIG NEUEN WEG DER KULINARIK EIN: SEINEN!

# MAXIMAL JUNG UND WILD

Diese Ansage muss man sich erst einmal auf der Zunge zergehen lassen „Sich immer anzupassen, mag zwar der einfache Weg sein, aber sicher nicht der richtige." Aichinger hat sich längst davon verabschiedet, sich irgendeiner Linie oder irgendeinem Trend unterzuordnen. „Ich kann und will meinen Stil nicht definieren. Wenn ich heute sage, ich arbeite mit regionalen Produkten, dann bin ich gefangen und jeder verbindet mich nur noch mit der Bachforelle. Ich will mich da nicht eingrenzen lassen." Tut er auch nicht. Mit dem „Kulinarium7" hat Aichinger den optimalen Platz gefunden, um seinen kulinarischen Genialitäten freien Lauf zu lassen. Hier steht er gemeinsam mit seinem Souschef Richard Leitner am Pass und schickt kreative, junge Gerichte, die handwerklich vor Perfektion strotzen. Jung und wild!

# DER KREATIVGEIST HINTER DEM NEUEN ERFOLGSRESTAURANT

Philipp G. Prodinger kam mit einer festen Idee von seiner Heimat Zell am See nach Wien: Der erfolgreiche Hotelier wollte ein völlig neuartiges Restaurantkonzept aus dem Boden stampfen. Am Spittelberg ist ihm das mehr als nur gelungen. Das „Kulinarium7“ ist heute die kulinarische Bastion in Wiens schickem Szeneviertel: in der Mitte des Restaurants eine lang gezogene Tafel, die Platz für 21 Personen bietct; die beiden Kellergewölbe aus dem 17. und 18. Jahrhundert im flackernden Kerzenschein locken mit einer Auswahl an feinsten Weinen, für deren Komposition der Hausherr selbst verantwortlich ist. Das Beste: Den Genuss können sich die Gäste auch mit nach Hause nehmen. Feinste Öle, erlesene Weine oder außergewöhnliche Salze – all das bietet der hauseigen Handel an. Ein komplett durchdachtes Genusskonzept!

Kulinarium7
Sigmundsgasse 1/1
A-1070 Wien
Tel.: +43 (0) 1/522 33 77
E-Mail: info@kulinarium7.at
www.kulinarium7.at

# 3 MAL MILCHKALB
## mit eingelegten Karotten und Senfcreme

FÜR 4 PERSONEN:

**GEBEIZTER MILCHKALBSRÜCKEN:**
500 g **Milchkalbsrücken**
100 g **Salz,** 280 g **Zucker**
2 **Orangen**, Abrieb und Saft
2 EL tasmanischer **Bergpfeffer**
2 EL **Koriander**
2 EL **Wacholderbeeren**
je1 EL **Pökelsalz**, **Senfkörner**
je 100 g **Thymian**, **Petersilie**

**KALBSBRIES:**
200 g **Kalbsbries**
100 ml **Olivenöl**, kalt gepresst
Saft einer **Zitrone**
**Salz**, **Cayenne**, **Muskatblüte**
braune **Butter**, **Cognac**

**KALBSKOPF:**
100 g gepresster **Kalbskopf**

**EINGELEGTE KAROTTEN:**
4 **Karotten**
250 ml **Karottensaft**
1**Zitrone,** Abrieb und Saft
1 Prise grobes **Salz**
100 ml **Marillenkernöl**
10 g **Ingwer,** gerieben

**SENFCREME:**
75 g geröstete **Pinienkerne**
60 g **Dijonsenf**
150 g **Kalbsfond**
150 g **Selleriesaft**
5 ml **Zitronensaft**
5 ml **Chardonnay-Essig**
30 ml **Traubenkernöl**
20 g **Marillenkernöl**

**GEBEIZTER MILCHKALBSRÜCKEN:** Wacholderbeeren, Koriander, Pfefferkörner und Senfsamen in einer beschichteten Pfanne vorsichtig anrösten. Anschließend im Mörser zerstoßen. Petersilien- und Thymianblätter abzupfen und fein hacken. Mit den restlichen Zutaten vermengen und den Rücken 2 Tage lang einbeizen.

**KALBSBRIES:** Bries mit den angegebenen Zutaten marinieren und in einem Vakuum-Beutel bei 67 Grad etwa 25 Minuten lang garen. Vorsichtig putzen und in brauner Butter mit einem Spritzer Cognac durchschwenken.

**KALBSKOPF:** Kalbskopf mit der Aufschnittmaschine dünn aufschneiden und in einer beschichteten Pfanne vorsichtig braten, bis er knusprig ist.

**EINGELEGTE KAROTTEN:** Karotten schälen und in einem Bastkorb weich dämpfen. Den Saft auf die Hälfte einreduzieren und mit Salz, Ingwer sowie Zitrone abschmecken, Marillenkernöl einmixen. Karotten in gefällige Stücke schneiden und im Sud 1 Tag lang einlegen.

**SENFCREME:** Sämtliche Zutaten in einem Cutter zu einer homogenen Masse mixen und im Kühlschrank für etwa 2 Stunden kalt stellen.

**ANRICHTEN:** Den aufgeschnittenen Kalbskopf mittig auf dem Teller platzieren. An den Seiten werden Kalbsbries und -rücken in kleinen Portionen angerichtet. Zum Schluss mit den eingelegten Karotten und Senfsauce dekorativ garnieren.

**PROFITIPP:**
« **Die Senfcreme lässt sich mit verschiedenen Gemüsesäften variieren. Rote Rübe, Karotte, Gelbe Rübe, Schwarzwurzel, usw.**
Max Aichinger, Küchenchef

**WEINEMPFEHLUNG:**

**CHARDONNAY GEBLING 2008**
**WEINGUT SEPP MOSER**
**ROHRENDORF, KREMSTAL**
Strahlendes Grüngelb, frischer Akzent nach Äpfeln und exotischen Früchten, eleganter Abgang. www.sepp-moser.at



**SCHWIERIGKEITSGRAD:** MITTEL | **ZUBEREITUNGSZEIT MIT VORBEREITUNG:** 2 TAGE

# GESCHMORTES RINDSBACKERL

## mit in Meersalz gegartem Sellerie und Selleriegnocchi

FÜR 4 PERSONEN:

**RINDSBACKERL:**

500 g **Rindsbackerl**
4 **Zwiebeln**, weiß
je 1 **Knollensellerie**
1 **Stangensellerie**
4 **Fleischtomaten**
¼ l **Portwein**, rot
¼ l **Madeira**
½ l **Rinderfond**
1 Bund **Petersilie**
etwas **Liebstöckel**

**IN MEERSALZ GEGARTER SELLERIE:**

500 g **Meersalz**
2 **Knollensellerie**
100 g **Butter**, braun

**SELLERIEGNOCCHI:**

100 g **Selleriemark**, gegart (siehe oben)
40 g **Basmatireis**, weich gekocht
10 g **Ricotta**
25 g **Eiweiß**
**Selleriesalz**
75 g griffiges **Mehl**

**RINDSBACKERL:** Das Gemüse im Öl anrösten, mit Portwein und Madeira ablöschen und etwas einreduzieren lassen, mit Rinderfond aufgießen. Die Backerl würzen und im Öl scharf anbraten. Anschließend zum Fond geben und zugedeckt bei 170 Grad ca. 2 Stunden lang im Ofen weich schmoren.

**IN MEERSALZ GEGARTER SELLERIE:** Den gewaschenen Sellerie in das Salz setzen. Bei 180 Grad ca. 1 Stunde lang garen. Im Viertelstunden-Takt immer wieder die braune Butter mithilfe einer Spritze in die Knolle impfen.

**SELLERIEGNOCCHI:** Alle Zutaten zu einem Teig verkneten. Im Fond kochen und anschließend in der braunen Butter schwenken.

**ANRICHTEN:** Das Rindsbackerl wird links auf dem Teller angerichtet und mit dem Fond übergossen. Den gegarten Sellerie und die Selleriegnocchi dekorativ an den Rand des Tellers legen.

### PROFITIPP:

« **Schwarzer Rettich eignet sich auch hervorragend für die Zubereitung im Meersalz und als Beilage zu den geschmorten Rindsbackerl.**
Max Aichinger, Küchenchef

### WEINEMPFEHLUNG:

**MAGNAT 2006**
**WEINGUT TSCHIDA**
**APETLON, NEUSIEDLER SEE**
Voller und kräftiger Rotwein mit einem intensiven Geschmack nach Schwarzen Johannisbeeren und dunklen Kirschen.
www.tschida-wein.at



**SCHWIERIGKEITSGRAD:** MITTEL | **ZUBEREITUNGSZEIT:** 2 STUNDEN

# SCHOKOLADENTARTE

mit eingelegten Marillen, weißer Schokoladen-Amaretto-Mousse

FÜR 4 PERSONEN:

**SCHOKOLADENTARTE:**
200 g **Bitterschokolade**
200 g **Butter**
250 g **Rohrzucker**
1 El **Mehl**, griffig
5 **Eier**

**WEISSE SCHOKOLADEN-AMARETTO-MOUSSE:**
1 **Dotter**, 1 **Ei**
175 g **Schokolade**,weiß
1 Blatt **Gelatine**
¼ l **Sahne**, geschlagen
3 EL **Amaretto**

**EINGELEGTE MARILLEN:**
250 g **Marillen**, getrocknet
¼ l **Champagner**
1 **Vanilleschote**
100 g brauner **Zucker**
10 g **Ingwer**, gerieben
2 El **Marillenkerne**, geröstet
etwas **Eisenkraut**

**PASSIONSFRUCHT-DRINK:**
4 **Passionsfrüchte**
100 g weiße **Schokolade**
Saft und Abrieb einer **Limette**
1 Schuss **Bacardi**
100 ml **Orangensaft**

**SCHOKOLADENTARTE:** Schokolade und Butter über Wasserdampf schmelzen, Zucker beigeben. Mehl und Eier einarbeiten. In einer Springform mit 20 cm Durchmesser 30 Minuten lang bei 180 Grad backen.

**WEISSE SCHOKOLADEN-AMARETTO-MOUSSE:** Schokolade mit Amaretto über Wasserdampf schmelzen. Das Ei mit dem Dotter schaumig schlagen und die eingeweichte Gelatine zu der geschmolzenen Masse geben. Die geschlagene Sahne unterheben und in eine beliebige Form füllen. Etwa 2 Stunden lang kalt stellen.

**EINGELEGTE MARILLEN:** Die Marillen vierteln und mit Champagner, Vanille, Zucker und Ingwer in einem Weckglas einlegen. Kurz vor dem Servieren gehackte Kerne und Eisenkraut unter die Marillen mischen.

**PASSIONSFRUCHT-DRINK:** Die oberen Viertel der Passionsfrüchte abschneiden und die Kerne ausschaben. Die geschmolzene Schokolade mit den angegebenen Zutaten vermengen und wieder in die Frucht füllen.

**ANRICHTEN:** In einer Reihe werden die eingelegten Marillen, die Schokoladentarte, die Schokoladen-Amaretto-Mouse und der Passionsfrucht-Drink auf Desserttellern angerichtet.

**PROFITIPP:**

« **Man erhält ein sehr spannendes Geschmackserlebnis zwischen süß und salzig wenn man zum Schluss über die Tarte noch etwas Olivenöl und Fleur de Sel gibt.**

Max Aichinger, Küchenchef

**WEINEMPFEHLUNG:**

**ROSSO E DOLCE 2006**
**BEERENAUSLESE (100 % SYRAH)**
**WEINGUT JOSEF PÖCKL**
**MÖNCHHOF, NEUSIEDLER SEE**
Mittleres Karmingranat mit zarter Himbeernote. Finessenreich und frisch, gut integrierte Süße, klar und präzise. Davon kann man auch ein großes Glas trinken.
www.poeckl.at

**SCHWIERIGKEITSGRAD:** LEICHT | **ZUBEREITUNGSZEIT:** 1 STUNDE

HOCH ÜBER DEN DÄCHERN DER STADT VOLLFÜHRT WIENS BESTE KÖCHIN, **JACQUELINE PFEIFFER**, EINE SCHWINDELERREGEND GENIALE KULINARIK-SHOW. BEINAHE WÄRE IHR TALENT VERSCHLEUDERT WORDEN.

# WIENS HIMMELS-STÜRMERIN

Jacqueline Pfeiffer hatte die Nase voll und war nahe dran, alles hinzuschmeißen. Sie wollte doch nur kochen! Stattdessen nötigte man sie in den ersten Monaten ihrer Lehre, Saucen aus Pulver anzurühren. Verzweifelt schrieb die junge Jacqueline die Wiener Top-Restaurants an und flehte um Aufnahme. Nur einer erkannte das große Talent, das schon damals in dem quirligen Mädchen steckte: Siegfried Pucher, damals Küchenchef im „Le Ciel", heute F&B-Direktor des „Grand Hotels". „Er lehrte mich die hohe Schule des Kochens", erinnert sich Pfeiffer gern zurück. Nach der Lehre im „Le Ciel" perfektionierte sie ihr Handwerk in den besten Häusern, vom „Adlon" in Berlin über das „La Maison de Marc Veyrat" in Annecy bis zum „Beau Rivage Palace" in Lausanne, ehe sie als Küchenchefin zurück ins „Le Ciel" kam. Eine wahrlich himmlische Fügung.

Jacqueline

# KULINARISCHER HOCHGENUSS AUF WOLKE SIEBEN

Hoch über den Dächern Wiens, im 7. Stock des „Grand Hotels", da öffnet sich das Reich eines der besten Restaurants Österreichs: das „Le Ciel". Gediegen und edel, der Speisesaal getragen von sechs Säulen, der Bösendorfer-Flügel in Weiß, die Wände gelb, die Decke in himmlischem Blau. Unten das hektische Treiben der Ringstraße, oben – Ruhe. Genau das richtige Ambiente, um der geschmacklich ausgewogenen französischen Cuisine jene Aufmerksamkeit zu widmen, die sie sich verdient hat. Durch den Abend führt mit Günter Moser einer der besten Maitres, die Österreich zu bieten hat. Fachwissen, gepaart mit Charme und einer Prise Humor – das ist Mosers Geheimnis, das jedem kulinarischen Hochgenuss seiner Küchenchefin Jacqueline Pfeiffer sogar noch das gewisse Etwas draufsetzt.

Le Ciel
Grand Hotel
Kärntner Ring 9
A-1010 Wien
Tel.: +43 (0) 1/515 80 91 00
E-Mail: leciel@grandhotelwien.com
www.leciel.at

# ZWEIERLEI VON DER BRUNNENKRESSE
mit Geflügelauster und Tomatenschaum

FÜR 4 PERSONEN:

**TOMATENSCHAUM:**
6 **Rispentomaten**
2 cl **Gin**
5 **Basilikumblätter**
**Zucker**, **Salz**
90 ml weißer **Tomatenfond**
30 ml **Schlagobers**
½ Blatt **Gelantine**

**CRACKER:**
60 g **Weizenmehl**
½ TL **Backpulver**
25 g **Parmesan**
je 1 TL **Petersilie** und
**Thymian,** gehackt
35 g **Topfen**
1 TL **Olivenöl**
½ **Eigelb**

**BRUNNENKRESSEMOUSSE:**
80 g **Brunnenkresse**
125 ml **Geflügelfond**
je 25 g **Crème fraîche**
25 g **Mascarpone**
3 Blatt **Gelatine**
50 g **Schlagobers**, geschlagen

**GEEISTE BRUNNENKRESSESUPPE:**
60 g **Brunnenkresse**
300 ml **Joghurt**

**ANRICHTEN:**
4 **Geflügelaustern**
4 **Radieschen**
1TL **Traubenkernöl**
**Balsamico-Essig**, weiß
**Fleur de Sel**

**TOMATENSCHAUM:** Tomaten klein schneiden. Mit Gin, Basilikum, Salz und Zucker über Nacht marinieren lassen. Anschließend grob mixen, in ein Tuch geben und abhängen, damit die Flüssigkeit etwas abtropfen kann. Fond und Schlagobers mischen, aufgelöste Gelatine zufügen und abschmecken. In eine Schüssel geben und kalt stellen.

**CRACKER:** Weizenmehl, Backpulver, Kräuter und Parmesan mischen und mit Topfen, Olivenöl und Eigelb zu einem glatten Teig verarbeiten. 1 Stunde rasten lassen. Den Teig 1,5 mm dünn ausrollen und mit einem Ausstecher (ø 9 cm) ausstechen. Zwischen zwei Bleche und Backpapier bei 180 Grad etwa 8 Minuten goldgelb backen.

**BRUNNENKRESSEMOUSSE:** 4 Ringe (ø 7 cm) mit Tortenfolie auslegen und die Böden mit Klarsichtfolie abschließen. Kresse mit Geflügelfond mixen, Crème fraîche und Mascarpone aufmixen, passieren und abschmecken. Gelatine und Obers dazugeben. Auf Eis runterkühlen und in die Ringe füllen.

**GEEISTE BRUNNENKRESSESUPPE:** Brunnenkresse grob hacken und mit Joghurt fein mixen. Alles passiern und mit Salz abschmecken.

**ANRICHTEN:** Radieschen putzen. Die Mousse aus dem Ring nehmen, Folie vorsichtig abnehmen und auf die Cracker setzen. Geflügelaustern würzen und in Butter braten. Die Suppe aufmixen und in 4 Gläser füllen. Den Tomatenschaum aufmixen und auf die Suppe setzen. Die Radieschen mit Traubenkernöl, einem Spritzer weißem Balsamico-Essig und einer Prise Fleur de Sel marinieren. Das Gericht mit Kräutern, Blüten und 4 Brunnenkressespitzen dekorieren.

**PROFITIPP:**
« **Anstatt der Kresse können auch andere Kräuter verwendet werden, wie Sauerampfer, Petersilie oder Basilikum.**
Jacqueline Pfeiffer, Küchenchefin

**WEINEMPFEHLUNG:**

**OPOK 2007**
**WEINGUT SEPP UND MARIA MUSTER**
**LEUTSCHACH, SCHLOSSBERG**
Leicht und doch komplex.
Vielseitig einsetzbar.
www.weingutmuster.com



**SCHWIERIGKEITSGRAD:** MITTEL | **ZUBEREITUNGSZEIT:** 3½–4 STUNDEN

# WACHSWEICHES EI
## mit Bärlauch, Polenta und Parmaschinkenchip

FÜR 4 PERSONEN:

**POLENTA:**
275 g **Milch**
100 ml **Obers**
100 ml **Geflügelfond**
**Salz, Pfeffer**

**EIER:**
4 **Eier**

**BÄRLAUCH:**
80 g **Bärlauch**

**ANRICHTEN:**
4 **Parmaschinkenscheiben**
**Salz, Butter**
1 EL **Bärlauchöl**
**Meersalz**

**POLENTA:** Milch, Obers, Geflügelfond aufkochen, würzen und Polenta unter ständigem Rühren einlaufen lassen. Polenta kochen, bis sie weich ist und eine kompakte, aber streichfähige Konsistenz besitzt. Auf ein Blech aufstreichen und kalt stellen. Sobald die Polenta fest ist, in 4 gleichmäßige Rechtecke schneiden.

**EIER:** 4 Minuten kochen, abschrecken, vorsichtig schälen und im kalten Wasser lagern.

**BÄRLAUCH:** Den Bärlauch putzen und waschen.

**ANRICHTEN:** Die Polenta in einer Teflonpfanne goldgelb anbraten. Die Eier im Wasser erhitzen und den Parmaschinken knusprig braten. Den Bärlauch kurz in Butter schwenken und salzen. Bärlauch auf die Polenta geben und jeweils ein Ei daraufsetzen. Das Ei vorsichtig anstechen und mit Meersalz bestreuen. Den Schinken anlehnen und auf dem Teller mit etwas Bärlauchöl beträufeln.

### PROFITIPP:

« **Alternativ zum Bärlauch kann auch Spinat verwendet werden. Das Gericht kann somit wunderbar der Saison angeglichen werden.**
Jacqueline Pfeiffer, Küchenchefin

### WEINEMPFEHLUNG:

**GRÜNER VELTLINER RIED HOCHRAIN 2009**
WEINGUT PETER VEYDER-MALBERG
SPITZ, WACHAU
Duft nach gelben Früchten, Honigmelone und Renekloden; ganz zart röstige Anklänge; kraftvoll zupackend am Gaumen mit zurückhaltender Frucht, doch mit einigem Schmelz.
www.veyder.malberg.at



**SCHWIERIGKEITSGRAD:** LEICHT | **ZUBEREITUNGSZEIT:** 1 STUNDE

# SCHOKOLADEN-MARONI-PANNA-COTTA
mit Blutorangen-Punsch-Salat

FÜR 4 PERSONEN:

**PANNA COTTA:**
12 **Maroni**, gegart
1 EL **Grand Manier**
400 ml **Obers**
60 g **Kristallzucker**
10 g **Vanillezucker**
1½ Blatt **Gelatine**
100 g dunkle **Schokolade**
(70 % Kakao-Anteil)

**BLUTORANGEN-PUNSCH-SALAT:**
2 **Blutorangen**
80 ml **Orangenpunsch**
¼ Blatt **Gelatine**

**PANNA COTTA:** Die Maroni grob hacken, mit Grand Manier beträufeln und in 4 Schalen aufteilen. Das Obers zusammen mit dem Kristall- und dem Vanillezucker aufkochen, die grob gehackte Schokolade dazugeben und gut verrühren. Die Gelatine in kaltem Wasser einweichen und in die Masse einrühren. Die Panna Cotta in die Schalen füllen und kalt stellen.

**BLUTORANGEN-PUNSCH-SALAT:** Die Blutorangen schälen, filetiern und die Kerne entfernen. Den Punsch mit der Gelatine vermengen und stocken lassen. Kurz vor dem Servieren nochmals glatt rühren.

**ANRICHTEN:** Panna Cotta 30 Minuten vor dem Servieren aus dem Kühlschrank nehmen. Mit den Orangenfilets belegen, mit dem gelierten Punsch überziehen (nappieren).

**PROFITIPP:**
« **Bevor die Panna Cotta abgefüllt wird, sollte man sie etwas stehen lassen. So können sich eventuelle Bläschen auflösen.**
Jacqueline Pfeiffer, Küchenchefin

**WEINEMPFEHLUNG:**

**RÖSLER AUSLESE SÜSS 2009**
**WEINGUT FAMILIE PIRIWE**
**TRAISKIRCHEN, NIEDERÖSTERREICH**
Tiefdunkles Rot, im Duft Weichsel, Holunderröster und Rumtopf, am Gaumen noch weihnachtliche Gewürze, dunkle Früchte mit lebendiger Säure. www.piriwe.at



**SCHWIERIGKEITSGRAD:** LEICHT | **ZUBEREITUNGSZEIT:** 3½ STUNDEN

GEBOREN IN PARIS, AUFGEWACHSEN AN DER CÔTE D'AZUR – DAS IST WIENS FEINSTE MISCHUNG FÜR BESTE FRANZÖSISCHE CUISINE UND KULINARISCHEN HOCHGENUSS. BONJOUR, **DENIS KÖNIG**!

# WIENS ECHTER FRANZOSE

In den feinsten Pariser Brasserien hat er das Wesen der französischen Nouvelle Cuisine aufgesaugt. In den besten Häusern Frankreichs sein Gespür für unvergessliche Geschmacksexplosionen perfektioniert. Wien jedoch kam aus einem ganz anderen Grund in den Genuss, einen Kulinarik-Künstler wie Denis König zu seinen besten Köchen zählen zu dürfen. Für ein Hochbaustudium hat er sich die Stadt an der Donau ausgesucht. Welch kulinarisches Genie in dem Franzosen schlummerte, zeigte sich, als er Reißbrett und Zirkel gegen Pfanne und Köchlöffel tauschte und in der Küche des Wiener „Salut" zur geschmacklichen Hochform auflief. 2005 eröffnete er sein „Le Salzgries" und erfüllte sich den Traum eines französischen Restaurants auf höchstem Niveau, gepaart mit der urbanen Gemütlichkeit einer Brasserie, wie man sie sonst nur in Paris findet.

ALLE MEERESFRÜCHTE ZUM MITNEHMEN!
€
GRAUE CREVETTEN 7
6 FINES DE CLAIRE NR1 16
6 GILLARDEAU NR4 19
BON APPETIT

# PARISER FLAIR MITTEN IN DER WIENER ALTSTADT

Wenn nicht der Stephansdom über der Dächerlandschaft in der Marc Aurel Straße hervorblitzen würde, man könnte sicher sein, mitten in Paris zu stehen. Gemeinsam mit seiner Frau, Petra, führt Denis König das „Le Salzgries" als einen magischen Ort, der den Spagat schafft zwischen höchster Qualität und ungezwungener Atmosphäre. Kein Stuhl gleicht dem anderen, das Silberbesteck aus 30 unterschiedlichen Linien, die Wassergläser in verschiedensten Farben. „Nichts ist ähnlich, aber alles harmoniert", sagt König, der nicht nur in der Küche Regie führt, sondern dessen kreativem Kopf auch das einzigartige Interieur entspringt. Illustre Gäste wie Fürst Albert von Monaco genießen im „Le Salzgries" perfekt inszenierte Gerichte, zubereitet aus den besten und frischesten Produkten Frankreichs, ebenso wie feinste Weine, außergewöhnliche Tee-Sorten und Spezialitäten wie Jahrgangs-Sardinen.

Le Salzgries Paris
Marc Aurel Straße 6
A-1010 Wien
Tel.: +43 (0) 1/533 40 30
E-Mail: restaurant@le-salzgries.at
www.le-salzgries.at

Le SALZGRIES
· RESTAURANT
Le SALZGRIES
· BAR Á VINS ·
Le SALZG

CONNETABLE

PETRUS

# ROCHENFLÜGEL
## nach Grenobler Art

FÜR 4 PERSONEN:

**ROCHENFLÜGEL:**
1,2 kg frischer **Rochenflügel**
2 **Karotten**
½ **Lauchstange**, gewaschen
100 g **Sellerie**
1 **Lorbeerblatt**
15 **Pfefferkörner,** schwarz
20 ml **Weißwein,** trocken
50 ml **Weißweinessig**
**Salz**
**Butter**

**SAUCE:**
100 g **Butter**
12 **Champignons,** blättrig geschnitten
50 g **Essigkapern**
50 ml **Zitronensaft,** frisch gepresst

**ROCHEN:** In vier Teile portionieren und das Ende vom Knorpel mit einer Schere rund schneiden um dem Flügel wieder eine schöne Form zu verleihen. 4 Liter kaltes Wasser mit dem geschälten und grob geschnittenen Gemüse und den Gewürzen aufkochen und 30 Minuten köcheln lassen. Danach Wein, Essig und Salz zufügen. Die Rochenflügel 9 Minuten in schaumiger Butter pochieren.

**SAUCE:** Butter während des Erhitzens unter ständigem Rühren braun werden lassen. Champignons und Kapern hinzufügen und in der Butter schwenken, bis sie leicht bräunlich werden. Mit dem Zitronensaft ablöschen und von der Flamme nehmen. Falls notwendig, etwas nachsalzen (ist von der Qualität der Kapern abhängig).

**ANRICHTEN:** Die Flügel aus der Nage (dem Sud, in dem sie gegart wurden) nehmen, kurz abtropfen und, falls noch vorhanden, die Haut entfernen. Flügel auf den Tellern anrichten und die Butter Grenoblaiser Art auf dem Fisch verteilen und schnell servieren.

### PROFITIPP:
« **Der Rochen kann eine leichte Ammoniak-Note besitzen diese ist nicht schädlich, aber unangenehm. Um dies zu vermeiden, sollte der Fisch möglichst noch am gleichen Tag verarbeitet werden.** Denis König, Küchenchef

### WEINEMPFEHLUNG:

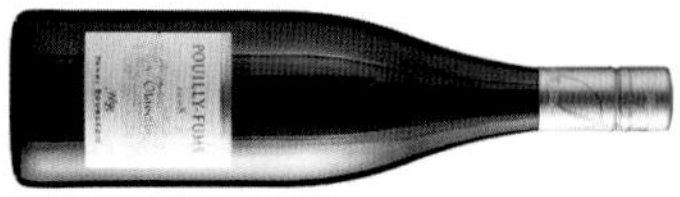

**POUILLY-FUMÉ EN TRAVERTIN 2008**
**DOMAINE HENRI BOURGEOIS**
**LOIRE, FRANKREICH**
Dieser Sauvignon Blanc gelangt auf mineralischen Böden aus Kalkstein, Schotter und Feuerstein zu besonderer Ausprägung. Ein Wein mit großem Entwicklungspotenzial.
www.henribourgeois.com



**SCHWIERIGKEITSGRAD:** LEICHT | **ZUBEREITUNGSZEIT:** 40 MIN.

# TAUBE ZWEIMAL ANDERS
mit Basilikumpüree

FÜR 4 PERSONEN:

**JUS:**
Karkassen von 4 **Tauben,** zerkleinert, enthäutet
1 kl. **Karotte,** gewürfelt
¼ **Zwiebel,** fein gewürfelt
200 g **Tomaten**
20 g **Tomatenmark**
je100 ml **Rot-** und **Portwein**
1 kl. **Bouquet garni**
**Olivenöl, Salz**

**BASILIKUMPÜREE:**
1 kg **Kartoffeln,** mehlig
150 ml **Milch**
30 g **Butter**
30 g **Basilikumblätter**
**Oliven**

**TAUBE:**
4 **Tauben**
8 **Knoblauchzehen**
**Olivenöl**
**Salz** und **Pfeffer**

**JUS:** Tauben auslösen, Leber, Herz, Brust und Keule kalt stellen. Karkassen in einem Topf im Olivenöl langsam dunkelbraun anbraten. Karotte und Zwiebel farbig mitrösten, Tomatenmark unter ständigem Rühren einmischen und bräunen. Mit Rotwein ablöschen und reduzieren. Nochmals mit Portwein ablöschen. Mit Wasser 3 cm über die Karkassen auffüllen. Grob geschnittene Tomaten, Salz und Bouquet garni zugeben und mindestens 3 Stunden leicht köcheln lassen. Eventuell Wasser nachgießen. Jus durch ein Etaminsieb abseihen und sirupartig einreduzieren.

**BASILIKUMPÜREE:** Kartoffeln im gesalzenen Wasser etwa 20 Minuten gar kochen. Basilikumblätter 45 Sekunden im Salz-Wasser blanchieren und sofort im Eiswasser abschrecken. Wasser weitgehend auspressen. Blätter mit den Oliven zu einer feinen Paste mixen. Die noch heißen Kartoffeln schälen und durch eine Kartoffelpresse drücken, eventuell durch ein Sieb streichen. Etwas heiße Milch beigeben. Mit Basilikumpaste und Butter vermengen.

**TAUBE:** Taubenkeulen und Knoblauchzehen mit Olivenöl bedeckt mindestens 30 Minuten ziehen lassen. Taubenbrüste beidseitig scharf anbraten, und 3 bis 4 Minuten bei 180 Grad Heißluft weiterbraten. Kurz vor dem Anrichten Keulen, Taubenbrüste und Knoblauchzehen leicht farbig anbraten. Innereien ebenfalls kurz und scharf anbraten.

**ANRICHTEN:** Aus dem Püree Nockerln formen und auf vorgewärmte Teller legen. Pro Teller je 2 Brüste und Keulen mittig platzieren. Innereien seitlich anrichten. Jus und Kräuter dekorativ platzieren.

**PROFITIPP:**
« **Die Jus lässt sich wunderbar bereits am Vortag vorbereiten. Die entbeinte Taube kann etwa zwei Tage im Kühlschrank aufbewahrt werden.**
Denis König, Küchenchef

**WEINEMPFEHLUNG:**

**MADIRAN 2006**
**VIGNOBLES BRUMONT**
**CHATEAU MONTUS, FRANKREICH**
Umwerfend animierende Cuvée aus den Sorten Cabernet Sauvignon, Tannat und Merlot. Passt perfekt zu geschmortem oder gegrilltem Fleisch. www.brumont.fr



**SCHWIERIGKEITSGRAD:** SCHWER | **ZUBEREITUNGSZEIT:** 4-5 STUNDEN

# ÎLE FLOTTANTE

Crème anglaise, Caramel liquide

FÜR 4 PERSONEN:

**CRÈME ANGLAISE:**
7 **Eidotter**
150 g **Zucker**
je 375 ml **Milch** und **Obers**
Mark einer **Vanilleschote**

**CARAMEL LIQUIDE:**
100 g **Zucker**
45 g **Wasser**

**GESTOCKTES EIWEISS:**
35 g **Eiweiß**
20 g **Kristallzucker**

**ANRICHTEN:**
**Mandeln**, geröstet, gehobelt

**CRÈME ANGLAISE:** Milch, Obers und Vanillemark aufkochen, 30 Minuten ziehen lassen. Eidotter mit Zucker schaumig schlagen und Milch-Mischung untermengen. Unter ständigem Rühren mit einer Plastikspachtel leicht erwärmen (nicht kochen lassen). Plastikspachtel in die Crème tauchen und daraufpusten: Die Konsistenz ist perfekt, wenn sich Wellen bilden, die nicht wieder in sich zusammenfallen. Sehr rasch abkühlen (im zweiten Topf im Eiswasser-Bad 2 Minuten rühren).

**CARAMEL LIQUIDE:** Zucker in einem Topf bei mittlerer Hitze bräunen, Wasser hinzufügen. (Achtung: Das Wasser darf NICHT verdampfen!) Gestockter Karamell mit dem Wasser erwärmen damit er wieder flüssig wird. Fertigen Karamell in eine kleine Schüssel füllen und abkühlen lassen.

**GESTOCKTES EIWEISS:** Eiweiß steif schlagen, Zucker hinzufügen und 2 Minuten weiterschlagen. Nockerln formen und diese für 14 Sekunden auf einem Porzellanteller (nicht zugedeckt) garen. Sind die Nockerln zu durch, fällt die Masse in sich zusammen. Abkühlen lassen.

**ANRICHTEN:** Genug Crème Anglaise in 4 Suppenteller geben, damit die Schneenockerln schwimmen können. Mit den Mandeln bestreuen und schlussendlich mit dem Karamell Fäden auf die Nockerln ziehen.

**PROFITIPP:**

« **Der Karamell sollte von einem Löffelrücken fließen können, dabei aber nicht tropfen.**
Denis König, Küchenchef

**WEINEMPFEHLUNG:**

**MUSCATO 2009**
**WEINGUT GÜNTER & REGINA TRIEBAUMER**
**RUST, NEUSIEDLER SEE**
Eine perlende Fruchtbombe mit zarter Süße und prickelnder Kohlensäure. Ein fruchtdominierter Schaumwein, der begeistert!
www.triebaumer.at



**SCHWIERIGKEITSGRAD:** MITTEL | **ZUBEREITUNGSZEIT:** 3 STUNDEN

**HARALD RIEDL** HAT IM „LE SIÈCLE“ IM **„RADISSON BLU PALAIS HOTEL“** EIN EHRGEIZIGES ZIEL AUSGERUFEN: ER WILL DIE BESTE KÜCHE DER WIENER RINGSTRASSENHOTELS ZELEBRIEREN.

# DER KÖNIG AM WIENER RING

Was er angegriffen hat, war von Erfolg gekrönt. Acht Hauben und einen Michelin-Stern erkochte Harald Riedl im Laufe seiner Karriere. Nun hat es den Power-Küchenchef erstmals in eine Hotelküche verschlagen. Im „Radisson Blu Palais Hotel“ möbelt Riedl das „Le Siècle“ kulinarisch auf und pusht das edle Hotel mit seiner einzigartigen mediterran-französischen Küche an die kulinarische Spitze der Wiener 5-Sterne-Hotellerie. Österreichs Kochlegende Werner Matt schliff den Rohdiamanten zum funkelnden Sternekoch, sein Handwerk perfektionierte Riedl unter anderem im „Le Canard" oder in der „Schwarzwaldstube" beim 3-Sterne-Mann Harald Wohlfahrt. Zuletzt sorgte er in Wiens „Restaurant Vincent“ für Furore. „Radisson Blu Palais Hotel“-Generaldirektor Heimo Leitgeb holte den Starkoch nun in sein Hotel. Ein genialer Schachzug!

# AUFSTELLUNG FÜR EINES DER SCHÖNSTEN HÄUSER WIENS

Der Gastgeber im „Radisson Blu Palais Hotel" ist ein Weitgereister. Erfolgreich hat „Radisson Blu Palais Hotel"-Generaldirektor Heimo Leitgeb weltweit zahlreiche Hotels eröffnet und sie an die Spitze geführt. Nun kehrte einer der charmantesten Hoteliers Österreichs zu seinen Wurzeln nach Wien zurück. Das „Radisson Blu Palais Hotel" prägt er mit seiner unvergleichlichen Handschrift: Ein Hauptaugenmerk gilt dem perfekten Service, der das gesamte Haus durchströmt und bis ins Gourmet-Restaurant „Le Siècle" vordringt. Hier eröffnet sich den Gästen eine besondere Gaumenfreude. Küchenchef Harald Riedl bereichert das Restaurant mit kreativen Spitzengerichten. „Ein Hotel ist dann gut, wenn sich der Gast rundum umsorgt und wohlfühlt", sagt Leitgeb. Sein Haus und das „Le Siècle" sind ein Paradebeispiel dafür.

Le Siècle
Radisson Blu Palais-Hotel
Parkring 16, A-1010 Wien
Tel.: +43 (0) 1/515 17-34 40
E-Mail: lesiecle@radissonblu.com
www.restaurantlesiecle.at

# ZWEIERLEI VOM KALBSKOPF
mit Bärlauchtörtchen und Sardine

FÜR 4 PERSONEN:

**KALBSKOPF:**
150 g **Kalbskopfmaske**
200 g **Kalbszunge**
50 g **Sellerie**
20 g **Karotten**
20 g **Zwiebeln**
10 g **Lauch**
200 ml **Weißwein**
**Salz, Pfefferkörner, Lobeer** und **Korianderkörner**
**Zitronenöl**
**Mehl, Eier, Semmelbrösel**

**BÄRLAUCHTÖRTCHEN:**
150 g **Ricotta**
30 g **Bärlauch**
2 Blatt **Gelatine**
**Salz, Pfeffer, Zitronensaft**

**SARDINEN:**
4 **Sardinen**
Saft von einer **Zitrone**
1 dl **Olivenöl**
**Salz** und **Pfeffer**

**KALBSKOPF:** Den Kalbskopf säubern, mit der Kalbszunge und den restlichen Zutaten etwa 2 1/2 Stunden weich kochen. Der noch heißen Kalbszunge die Haut abziehen. Eine Terrinenform mit Klarsichtfolie auslegen und abwechselnd Kalbskopf und -zunge hineinschichten. Dabei mit Salz, Pfeffer und Koriander würzen. Leicht pressen und im Kühlschrank für etwa 3 Stunden durchkühlen lassen.
Anschließend den Kalbskopf in dünne Scheiben schneiden, in Zitronenöl marinieren, fingerdick portionieren und in Mehl, Eiern und Semmelbröseln panieren. Bei 180 Grad ausbacken.

**BÄRLAUCHTÖRTCHEN:** Ricotta mit dem fein geschnittenen Bärlauch vermengen, Gelatine in kaltem Wasser einweichen und unterheben und mit Salz, Pfeffer und Zitronensaft abschmecken. Aus der Masse Törtchen formen.

**SARDINEN:** Sardinen säubern und in Zitronenmarinade etwa 5 Minuten einlegen.

**ANRICHTEN:** Den Kalbskopf mittig auf dem Teller platzieren. Bärlauchtörtchen daraufsetzen und mit den Sardinen seitlich dekorieren.

## PROFITIPP:
« **Servieren Sie den Kalbskopf am besten lauwarm. Er bekommt so eine cremigere Konsistenz und ist intensiver im Geschmack.**
Harald Riedl, Küchenchef

## WEINEMPFEHLUNG:

**GRÜNER VELTLINER KAMPTAL 2009**
WEINGUT BRÜNDLMAYER
BERG VOGELSANG, LANGENLOIS
Geschliffenes Bouquet nach Birne und Minze, etwas reduktiv; rosa Grapefruit am Gaumen, unterkühlte Eleganz, kompakt und animierend, anhaltend und betont trocken. www.bruendlmayer.at



**SCHWIERIGKEITSGRAD:** MITTEL | **ZUBEREITUNGSZEIT:** 4 STUNDEN

# GESCHMORTES ZIEGENKITZ
## mit Schalotten und confierten Tomaten

FÜR 4 PERSONEN:

**SEMMELFÜLLE:**
80 g **Weißbrotwürfel**
60 ml **Milch**
1 **Ei**
**Petersilie**, geschnitten
**Pfeffer, Muskatnuss, Salz**

**GESCHMORTES ZIEGENKITZ MIT SCHALOTTEN:**
1 **Ziegenkitzrücken**, ausgelöst
1 **Ziegenkitzschulter**
50 g **Zwiebeln** und **Sellerie**
20 g **Karotten**
**Thymian**, **Rosmarin**
**Knoblauch**
100 ml **Weißwein**
100 g **Schalotten**, geschält

**CONFIERTE TOMATEN:**
4 **Tomaten**, geschält und geviertelt
**Olivenöl, Salz, Zucker**
**Butter, Geflügelfond**
8 Stück **Minilauch**

**SEMMELFÜLLE:** Die Milch erwärmen, über das Weißbrot geben und mit dem Ei binden. Die Petersilie hinzufügen. Mit Salz, Pfeffer und Muskatnuss würzen.

**GESCHMORTES ZIEGENKITZ MIT SCHALOTTEN:** Den ausgelösten Ziegenkitzrücken (mit Bauchlappen) mit der Semmelfülle belegen und einrollen.
Ziegenkitzschulter und gefüllten Rücken mit Thymian, Rosmarin und Knoblauch würzen. In einen Bräter geben und bei 160 Grad schmoren. Nach einer halben Stunde das Gemüse hinzufügen, mit Weißwein ablöschen. Anschließend weitere 1 1/2 Stunden schmoren. Zum Ende Schalotten beigeben und weich glasieren.

**CONFIERTE TOMATEN:** Tomatenviertel in Olivenöl mit Salz und Zucker bei 80 Grad etwa 6 Stunden garen. Butter mit Geflügelfond erwärmen und den blanchierten Lauch damit glasieren.

**ANRICHTEN:** Das Ziegenkitz mittig auf einem größeren Teller anrichten. Die Schalotten und die Tomaten werden dekorativ dazugegeben.

**PROFITIPP:**
« **Wenn Sie das Ziegenkitz in eine Rosmarin-Thymian-Marinade geben, bekommt das Fleisch einen besseren Eigengeschmack.**
Harald Riedl, Küchenchef

**WEINEMPFEHLUNG:**

**OPUS EXIMIUM CUVÉE 2006**
**WEINGUT GESELLMANN**
**DEUTSCHKREUTZ, BURGENLAND**
Kräftiges Rubingranat, Duft nach Kirschen und Brombeeren mit zarter Blätterwürze. Ausgewogenes Spiel von Frucht und Holz.
www.gesellmann.at



**SCHWIERIGKEITSGRAD:** LEICHT | **ZUBEREITUNGSZEIT:** 3 1/2 STUNDEN

# SCHOKOLADEN-ORANGEN-TÖRTCHEN
mit Tonkabohnenessenz

FÜR 4 PERSONEN:

**MARZIPANBISKUIT:**
60 g **Marzipanrohmasse**
3 **Dotter**
3 **Eiweiß**
100 g **Zucker**
30 g **Kakaopulver**

**WEISSE SCHOKOLADENMOUSSE:**
1 **Ei**
20 g **Tunkmasse,** weiß
1 Blatt **Gelatine**
40 g **Obers,** geschlagen
10 g **Tonkabohnenessenz**

**ORANGEN-SCHOKOLADEN-MOUSSE:**
2 **Dotter**
1 **Eiweiß**
100 g **Guanaja-Schokolade** von Valrhona (70 % Kakaobutteranteil)
250 g **Obers,** geschlagen
Abrieb einer **Orange**
1 cl **Cointreau**

**MARZIPANBISKUIT:** Marzipanrohmasse mit den Dottern schaumig schlagen. Das Eiweiß mit dem Zucker zu Schnee schlagen. Beide Massen mischen und den Kakao unterheben. Die Masse dünn auf Backpapier aufstreichen und für 4 Minuten bei 210 Grad backen.

**WEISSE SCHOKOLADENMOUSSE:** Das Ei zuerst über Dampf warm schlagen, anschließend über Eiswasser kalt schlagen. Die Tunkmasse auflösen (sie soll eine Temperatur von 30 Grad haben) und anschließend mit dem Ei mischen. Das geschlagene Obers unterheben und mit der Tonkabohnenessenz parfümieren. Mit einer Lochtülle die Mousse auf eine Folie portionieren und tiefkühlen.

**ORANGEN-SCHOKOLADEN-MOUSSE:** Dotter und Eiweiß über Dampf (85 Grad) aufschlagen und über Eiswasser kalt schlagen. Die Schokolade schmelzen, mit der Eiermasse und dem Obers vermengen. Mit Orangenabrieb und Cointreau verfeinern. Die Schokolademousse auf das vorbereitete kalte Biskuite streichen (etwa 2 cm hoch) und kalt stellen.

**ANRICHTEN:** Das erkaltete Törtchen schneiden, glacieren und auf einen Knusperboden setzen. Die weiße Schokoladenmousse in Stücke schneiden, auf das glacierte Schokoladentörtchen legen und ausgarnieren.

**PROFITIPP:**
« **Das Dessert schmeckt mit frischen Waldbeeren besonders gut.**
Harald Riedl, Küchenchef

**WEINEMPFEHLUNG:**

**BEERENAUSLESE 2007**
**WEINGUT FAM. FEILER-ARTINGER**
**RUST, NEUSIEDLER SEE**
Helles Gold; in der Nase sehr intensiv exotisch; im Bouquet spielt die Frucht groß auf; die Säure ist jugendlich-lebendig und balanciert die Süße wunderschön aus; lang im Abgang.
www.feiler-artinger.at



**SCHWIERIGKEITSGRAD:** SCHWER | **ZUBEREITUNGSZEIT:** 5 STUNDEN

ER HIEVTE DAS STEIRERECK ALS ERSTES RESTAURANT ÖSTERREICHS AUF 4 HAUBEN UND WURDE ZUM „KOCH DES JAHRZEHNTS" AUSGERUFEN. IM **„MAK"** KEHRT **HELMUT ÖSTERREICHER** NUN ZU SEINEN WURZELN ZURÜCK.

# COMEBACK EINER LEGENDE

Kein anderer Koch prägte den kulinarischen Aufstieg Österreichs so stark wie er! Es war ein gewisser Heinz Reitbauer sen., Patron des „Steirerecks", der den jungen Helmut Österreicher eine Kreditkarte in die Hand drückte und ihn auf geschmackliche Entdeckungsreise durch Frankreich schickte. Was Österreicher, der gerade einmal Stationen im „Marchfelder" und im „Sacher" hinter sich hatte, dort auf den Gaumen bekam, veränderte seine Wahrnehmung von Spitzengastronomie. Zurück in der Heimat, verarbeitete er seine Eindrücke zu jenen außergewöhnlichen und bahnbrechenden Kreationen, die ihn in der ganzen Welt bekannt machten. Der „Gault Millau" zeichnete Österreicher dafür zum „Koch des Jahrzehnts" aus. 2005 sagte er der Luxusgastronomie Adieu und eröffnete 2006 das „Österreicher im MAK". Geradlinige, einfache Küche, gepaart mit der Perfektion des Handwerks eines wahren Meisters.

Schaumsuppe
mit Brotchips
4,60
Zupfsalat mit
Ruccola, Kirsch-
paradeiser
& geb. Garnelen
13,5
4,2
Linzertorte
Schoko-Kirsch-
Kuchen 3,80

# **WIE ÖSTERREICHER** FARBE IN DIE WIENER **KÜCHE BRINGT**

Schon im Vorwort seiner Speisekarte beschreibt es Helmut Österreicher selbst am besten: Nach Jahren im Dienste der Luxusgastronomie sei es ihm eine Freude, zur bodenständigen Küche zurückzukehren. Für die Umsetzung erdachte sich der „Koch des Jahrzehnts“ ein revolutionäres Restaurantkonzept, das Österreicher mittlerweile nicht nur erfolgreich im „MAK“ umsetzt, sondern auch im Wiener Rathauskeller: Beisl-Charakter auf höchstem Niveau. Die Karte teilt sich in die „Klassische Wiener Küche“ und die „Moderne Wiener Küche“. Auf die Teller bringt der gefeierte Starkoch das wohl beste Wiener Schnitzel der Stadt, ebenso Neuinterpretationen des Rindsgulaschs oder längst vergessene Wiener Spezialitäten. Wer Wien in vollsten Zügen genießen will, der muss zum Österreicher ins „MAK“ gehen!

Österreicher im MAK
Stubenring 5
A-1010 Wien
Tel.: +43 (0) 1/714 01 21
E-Mail: reservierung@oesterreicherimmak.at
www.oesterreicherimmak.at

# LACHSFORELLE
## auf Radieschennudeln

FÜR 4 PERSONEN:

**LACHSFORELLE:**
4 **Lachsforellen-Filets** à 150 g
125 ml **Fisch-Weißwein-Sauce**
**Jungzwiebelgrün,** fein geschnitten
**Salz,** **Pfeffer**
etwas **Olivenöl**

**RADIESCHENNUDELN:**
600 g **Radieschen,** geputzt
100 g **Radieschensprossen**
300 g **Nudeln,** hausgemacht
125 ml **Fisch-Weißwein-Sauce**
100 g **Rahm-Gervais**
**Salz,** **Pfeffer**
etwas **Olivenöl** und **Butter**

**LACHSFORELLE:** Die Fisch-Weißwein-Sauce für die Lachsforellen-Filets aufkochen, kräftig mixen und mit dem Jungzwiebelgrün würzen. Die portionierten Fisch-Filets salzen, pfeffern und in etwas Olivenöl mit wenig Hitze auf einer Seite erwärmen. Bei 80 Grad warm stellen.

**RADIESCHENNUDELN:** Etwas mehr als die Hälfte der Radieschen (etwa 320 g) fein schneiden. Die restlichen Radieschen vierteln, salzen, pfeffern und in Olivenöl weich schmoren. Radieschensprossen grob schneiden und die Nudeln in Salzwasser al dente kochen. Butter in einer Pfanne erhitzen und die fein geschnittenen Radieschen kurz anschwitzen. Die Radieschensprossen ebenfalls kurz mitrösten. Die Fisch-Weißwein-Sauce mit dem Rahm-Gervais vermischen und zu den Radieschen gießen. Einmal aufkochen und die frisch abgeseihten Nudeln zugeben. Mit Salz und Pfeffer abschmecken.

**ANRICHTEN:** Die Radieschennudeln in der Mitte der Teller anrichten und darauf die geschmorten Radieschenviertel und die Fischfilets setzen. Die aufgemixte Sauce über die Nudeln gießen und einige frische Radieschensprossen auf dem Fisch platzieren.

**PROFITIPP:**

« **Wenn Sie den Fisch und die Fischsauce weglassen, haben Sie eine sommerlich leichte Beilage zu Fleischgerichten.**
Helmut Österreicher, Küchenchef

**WEINEMPFEHLUNG:**

**RIESLING KREMSER KÖGL DAC 2008**
**WEINGUT SALOMON UNDHOF**
**KREMS**
Duftet nach reifen, weißen Pfirsichen, schmeckt fein und elegant!
www.salomonwines.com

**SCHWIERIGKEITSGRAD:** MITTEL | **ZUBEREITUNGSZEIT:** 50 MIN.

# LAMM „GESCHMORT UND ROSA“

## mit Laugenpudding und Pastinakengemüse

FÜR 4 PERSONEN:

**LAUGENPUDDING:**
125 g **Laugenbrötchen**
60 ml **Milch**
70 g **Butter**, weich
je 2 **Eidotter** und **-weiß**
**Salz, Muskat**
**Petersilie**, gehackt

**LAMM:**
2 **Lammstelzen** à 450 g
500 g **Lammkarree**
500 g **Röstgemüse** (Karotten, Sellerie, Gelbe Rüben, Schalotten, Knoblauchzehen)
150 g **Paradeiser**, geviertelt
125 ml **Rotwein**
250 ml **Lammjus**
2 **Lorbeerblätter**
**Salz**, einige **Pfefferkörner**
**Rosmarin**, frisch, fein gehackt
**Öl** und **Butter** zum Braten

**PASTINAKENGEMÜSE:**
600 g **Pastinaken**
20 g **Rapsöl**
60 g **Butter**
**Salz, Pfeffer**

**LAUGENPUDDING:** Laugenbrötchen würfeln und in Milch einweichen. Butter schaumig rühren und dabei die Dotter zugeben. Das Laugenbrot untermischen. Mit Salz, Muskat und Petersilie würzen. Eischnee schlagen und vorsichtig unterheben. Die Masse in ausgebutterte und ausgebröselte Formen füllen und bei 200 Grad etwa 20 bis 25 Minuten im Wasserbad garen.

**LAMM:** Lammstelzen mit Salz einreiben und gut anbraten. Röstgemüse zugeben und bei 180 Grad in den Ofen schieben. Alle 5 bis 10 Minuten wenden. Wenn das Gemüse dunkelbraun ist, Paradeiser-Viertel zufügen. Weiterschmoren, bis keine Flüssigkeit mehr vorhanden ist. Die Gewürze zugeben und zugedeckt etwa 80 Minuten schmoren lassen, ab und zu mit Rotwein und Lammjus aufgießen. Die Stelzen aus dem Saft heben. Die Sauce kurz aufmixen und durch ein Sieb passieren. Etwas einkochen und mit Salz, Pfeffer und Rosmarin abschmecken. Lammstelzen auslösen und in der Sauce warm halten. Lammkarree salzen und anbraten. Bei 180 Grad etwa 5 Minuten schmoren, zwischendurch mit Bratenrückstand übergießen. An einem warmen Ort etwa 10 Minuten entspannen lassen.

**PASTINAKENGEMÜSE:** Pastinaken schälen und längs halbieren. An der gewölbten Seite einschneiden. Rapsöl und Butter in einer Kasserolle leicht erhitzen. Gemüsestücke darin bei mäßiger Hitze anbraten. Salzen und zugedeckt bei 180 Grad etwa 30 Minuten backen. Ab und zu wenden und mit der ausgetretenen Flüssigkeit übergießen. Pfeffern und gleich servieren.

**PROFITIPP:**

« **Verwenden Sie zum Abschmecken der Sauce statt Salz Sojasauce und einen Schuss Aceto Balsamico.**

Helmut Österreicher, Küchenchef

**WEINEMPFEHLUNG:**

**ANTARES GRANDE RESERVE 2007**
**WEINGUT ZAHEL**
**WIEN, MAUER**
Intensive dunkle Beerennote, leichte Würze, reifes Tannin, runder, lang anhaltender Abgang. www.zahel.at

**SCHWIERIGKEITSGRAD:** MITTEL | **ZUBEREITUNGSZEIT:** 50 MIN.

# WIENER KIPFERLKOCH IM GLAS
mit Beeren und Sauerrahmeis

FÜR 4 PERSONEN:

**WIENER KIPFERLKOCH:**
115 g **Briochewürfel**
60 g **Butter**
20 g **Kristallzucker**
200 ml **Milch**
12 g **Vanillezucker**
2 **Eier** (Gewichtsklasse S)
30 g **Staubzucker**

**SAUERRAHMEIS:**
½ l **Sauermilch**
¼ l **Sauerrahm**
120 g **Staubzucker**
100 g **Zitronensaft**
80 g **Trockenmilch-Pulver**
25 g **Bacardi**

**VANILLESAUCE:**
je ¼ l **Milch** und **Obers**
60 g **Zucker**
40 g **Vanillezucker**
1 **Vanilleschote**, ausgekratzt
30 g **Rum**
7 **Dotter**

**ZUM ANRICHTEN:**
**Beerenmark**, frische **Beeren**

**WIENER KIPFERLKOCH:** Butter leicht erhitzen, Briochewürfel entrinden und darin schwenken. Mit dem Kristallzucker bestreuen. Ausgebutterte Formen bis 2 cm unter den Rand mit der abgekühlten Masse füllen. Eier mit Staubzucker verrühren und mit Milch und Vanillezucker vermischen. Die Formen damit auffüllen. (Die Briochewürfel sollten knapp bedeckt sein.)

**SAUERRAHMEIS:** Alle Zutaten gut mixen und in einer Eismaschine gefrieren.

**VANILLESAUCE:** Alle Zutaten, ausgenommen die Dotter, langsam zum Kochen bringen und 10 Minuten ziehen lassen. Die Dotter etwas schaumig rühren und mit der heißen Vanillemilch vermischen. In einen Topf füllen und auf dem Herd bei geringer Hitze vermengen. Durch ein feines Sieb seihen und erkalten lassen.

**ANRICHTEN:** Wiener Kipferlkoch in ein Glas füllen, mit der warmen Vanillesauce abdecken und auf einen Teller stellen. Das Beerenmark mit den frischen Beeren mischen und separat anrichten. Ebenso mit dem Sauerrahmeis verfahren.

**PROFITIPP:**
« **Eine 3 bis 5 Tage alte Brioche lässt sich am besten schneiden.**
Helmut Österreicher, Küchenchef

**WEINEMPFEHLUNG:**

**RUSTER AUSBRUCH**
**SAUVIGNON BLANC 2006**
WEINGUT TRIEBAUMER
RUST, NEUSIEDLER SEE
Goldgelb, schön balancierte Süße mit anregend rassiger Säure und feinen Kräuternuancen.
www.triebaumer.com



**SCHWIERIGKEITSGRAD:** MITTEL | **ZUBEREITUNGSZEIT:** 50 MIN.

DIE SAISONALITÄT STEHT AUF SEINER SPEISEKARTE AN OBERSTER STELLE. **KURT BORTOLI** ORDNET ZUDEM ALLES DER KREATIVITÄT UNTER. SEIN CREDO: „DIE KÖNIGIN ALLER REZEPTE IST DIE FANTASIE.“

# PHILOSOPH UNTER DEN KÖCHEN

Kurt Bortoli, da sitzt er also. Hinten in der Ecke am Stammtisch des „Rubens“ und heckt neue Rezeptideen aus. Seine Zutaten sind zum überwiegenden Teil die frischen Produkte aus der Region wie Saisongemüse von heimischen Bauern. „Das macht doch den größten Spaß, mit dem zu kochen, was einem die Natur gerade zu Verfügung stellt“, meint Bortoli. Gemeinsam mit seiner Küchenmannschaft bespielt er das „Rubens“ mit einer außergewöhnlich erfrischenden Wiener Küche, die vor frischen Produkten nur so strotzt: Bärlauch, Morcheln und Spargel im Frühjahr, Beeren und Pilze in den Sommermonaten, Wild, Kürbis und Gans im Herbst und im Winter. Bortoli zählt zu jener Generation von Köchen, die aus Leidenschaft wieder zur traditionellen Küche zurückgekehrt sind und sie, gespickt mit neuen Ideen, mitten hinein in die Spitzengastronomie servieren.

RESERVIERT

# FÜRSTLICHE ELEGANZ UND BESTE GOURMETKÜCHE

Die außergewöhnliche Sammlung an fürstlichen Kunstschätzen im „Liechtenstein Museum" ist seit Kurzem um einen kulinarischen Schatz reicher! An einem der schönsten Plätze der Stadt, mitten im Alsergrund, hat die angesehene Adelsfamilie mit Sitz in Liechtenstein den Wienern ein Restaurant geschenkt, dessen Architektur voller Eleganz und urbanem Schick erstrahlt und sich wunderbar in die barocke Lebenslust fügt, welche das gesamte Anwesen prägt. Im Sommer pulsiert hier der Gastgarten, internationale Gäste und Einheimische finden Schatten unter Sonnensegeln und geben sich dem Genuss hin. Mehr als nur ein Augenschmaus ist auch der Weinkeller. Er besticht vor allem durch eine erlesene Auswahl der feinsten Tropfen der „Fürstlichen Hofkellerei" sowie namhafte österreichische Weine.

Rubens
Fürstengasse 1
A-1090 Wien
Tel.: +43 (0) 1/319 57 67-310
E-Mail: office@rubens-restaurant.at
www.liechtensteinmuseum.at

RUBENS
RUBENS

# STEIRISCHES HUCHENFILET
## gebraten auf Belugalinsen und Schnittlauchschaum

FÜR 4 PERSONEN:

**BELUGALINSEN:**
200 g **Belugalinsen**
50 g **Schalotten,** brunoise
100 g **Wurzelgemüse,** brunoise
2 rohe **Kartoffeln**
**Balsamico-Essig,** weiß
**Salz, Pfeffer** aus der Mühle
**Öl**

**SCHNITTLAUCHSCHAUM:**
1 Bund **Schnittlauch**
¼ l **Weißwein,** trocken
**Schalotten**
**Stangensellerie**
**Lauch**
¼ l **Obers**
**Butter**

**HUCHEN:**
4 **Huchenfilets** à 200 g
(Karkassen mitgeben lassen)
**Zitronensaft**
**Salz**
**Thymianzweige**
**Olivenöl** und **Butter**

**BELUGALINSEN:** Belugalinsen in reichlich Wasser mit einen Bouquet garni (Kräutersträußchen) weich kochen. Schalotten in Öl anschwitzen und Linsen sowie Wurzelgemüse beifügen. Mit Gemüsefond auffüllen und mit fein geriebenen Kartoffeln binden. Mit Salz, weißem Balsamico Essig und Pfeffer abschmecken.

**SCHNITTLAUCHSCHAUM:** Aus dem Grätengerüst (Fischkarkassen) der Huchen einen klaren Fischfond zubereiten: Grätengerüst mit kaltem Wasser wässern. Mit Wasser, Schalotten, Stangensellerie, Lauch und Weißwein ansetzen und langsam aufkochen lassen. Den aufsteigenden Schaum mit gebundenen Trübstoffen abnehmen und den Fond etwa eine halbe Stunde unter dem Siedepunkt ziehen lassen. Durch ein Passiertuch abseihen. Schalotten in Butter anschwitzen und mit Weißwein ablöschen. Fischfond zugießen und kurz reduzieren lassen. Mit Obers und Butter aufschlagen. Kurz vor dem Anrichten fein geschnittenen Schnittlauch dem Schaum beifügen.

**HUCHEN:** Huchenfilets mit Zitronensaft und Salz würzen. In Olivenöl hautseitig kurz anbraten. Die Fleischseite des Huchens mit Thymianzweigen belegen und mit einem Löffel gesalzener flüssiger Butter immer wieder leicht beträufeln.

**ANRICHTEN:** Belugalinsen mittig auf dem Teller anrichten. Den Schnittlauchschaum an die Seiten geben. Huchenfilets auf Küchenkrepppapier abtropfen lassen, und hautseitig auf die Belugalinsen legen.

**PROFITIPP:**
« **Anstelle von Zitronensaft kann der Fisch auch mit Limettensaft beträufelt werden.**
Kurt Bortoli, Küchenchef

**WEINEMPFEHLUNG:**

**GRÜNER VELTLINER WEINVIERTEL DAC 2009**
HOFKELLEREI DES FÜRSTEN VON LIECHTENSTEIN, WILFERSDORF
Frischer, grüner Apfeltouch, zarte Kräuterwürze, reife Grapefruit. Am Gaumen harmonisch, grüner Apfel, elegant, schöner Biss, sehr sauber und klar, trinkanimierender Stil. www.hofkellerei.at



**SCHWIERIGKEITSGRAD:** LEICHT | **ZUBEREITUNGSZEIT:** 45 MIN.

# GESCHMORTES KALBSWANGERL
mit Spitzmorcheln und knusprigem Püree

FÜR 4 PERSONEN:

**KALBSWANGERL:**
4 **Kalbsbackerl** à 200 g
300 g **Wurzelgemüse**
je 100 g **Zwiebel** und **Lauch**
250 g **Rotwein**
50 g **Tomatenmark**
2 l **Kalbsfond**
**Mehl**
**Öl**

**MORCHELSAUCE:**
100 g **Schalotten**, würfelig
50 g **Butter**
30 g **Morcheln**
½ l **Kalbswangerlsauce**
1/8 l **Portwein**, rot
1/8 l **Madeira**
1/8 l **Obers**, flüssig

**KNUSPRIGES PÜREE:**
500 g **Kartoffeln**, mehlig
50 g **Butter**
1/8 l **Milch**
**Muskatnuss**, frisch gerieben
**Salz**
4 Blatt **Filoteig**

**KALBSWANGERL:** Kalbsbackerl parieren und würzen. In Mehl wenden und scharf in Öl anbraten. Ausstechen und das in Scheiben geschnittene Gemüse rösten. Zum Schluss Zwiebel und Lauch kurz mitrösten. Tomatenmark hinzufügen und mit Rotwein ablöschen. Kalbsfond und Backerl dazugeben und etwa 1 ½ Stunden leicht köcheln lassen. Die fertigen Backerl ausstechen. Sauce mit dem Gemüse fein passieren.

**MORCHELSAUCE:** Schalotten in Butter anschwitzen, die gewaschenen, geputzten Morcheln dazugeben und kurz ansautieren. Morcheln rausnehmen, mit Madeira und Portwein ablöschen und reduzieren lassen. Mit der Kalbswangerlsauce auffüllen und das Obers dazugeben. Die angebratenen Morcheln beifügen.

**KNUSPRIGES PÜREE:** Die mehligen Kartoffeln schälen und im Salzwasser weich kochen. Anschließend die Kartoffeln in einer Kartoffelpresse zweimal durchpressen. Mit der lauwarmen Milch und der flüssigen Butter vermengen und durch ein Haarsieb streichen. Mit der Muskatnuss würzen. Filoteig über eine Schaumrollenform legen und in heißem Öl knusprig backen. Vorsichtig lösen und mit dem heißen Püree füllen.

**ANRICHTEN:** Das Kalbswangerl mittig auf dem Teller platzieren. Die gefüllten Rollen am Rand anrichten und alles mit der Morchelsauce beträufeln.

**PROFITIPP:**
« **Etwas fein geriebener Kren im Kartoffelpüree verleiht eine besondere Note.**
Kurt Bortoli, Küchenchef

**WEINEMPFEHLUNG:**

**ZWEIGELT PROFUNDO 2007, SELEKTION KARLSBERG**
HOFKELLEREI DES FÜRSTEN VON LIECHTENSTEIN, WILFERSDORF
Süßes Beerenkonfit, am Gaumen saftig, ausgewogen und elegant, feste, gut integrierte Tannine, sehr gutes Reifepotenzial, hat Länge und Substanz, ein vielseitiger Speisebegleiter.
www.hofkellerei.at



**SCHWIERIGKEITSGRAD:** MITTEL | **ZUBEREITUNGSZEIT:** 2 STUNDEN

# CRÈME BRULÉE VON DER TONKABOHNE
und Schokoladeneis

FÜR 4 PERSONEN:

**CRÈME BRULÈE:**
125 ml **Milch**
375 ml **Obers**
40 g **Zucker**
100 g **Dotter**
1 Msp. **Tonkabohne**, gerieben

**WEISSES SCHOKOLADENEIS:**
130 g weiße **Schokolade**
400 g **Obers**
100 g **Milch**
80 g **Zucker**
4 **Dotter**
2 **Eier**

**CRÈME BRULÈE :** Die Milch mit dem Obers, dem Zucker und der geriebenen Tonkabohne kurz aufkochen lassen. Anschließend den Dotter in die lauwarme Milch gießen und 1 Stunde ziehen lassen.
Die Crème in feuerfeste Förmchen gießen und im Wasserbad 55 Minuten bei 110 Grad gar ziehen lassen.

**WEISSES SCHOKOLADENEIS:** Milch, Obers und Zucker unter ständigem Rühren zum Kochen bringen. Leicht auskühlen lassen und die Dotter und Eier dazugeben. Die Schokolade im Wasserbad auf 39 Grad erwärmen und der Masse beifügen.
Wenn man keine Eismaschine hat, die Masse in den Tiefkühler stellen und jede halbe Stunden einmal durchrühren, bis das Eis cremig ist.

**ANRICHTEN:** Die Crème brulèe flambieren und noch in der Form auf einem Teller platzieren. Das Eis daneben anrichten. Wahlweise können auch Beeren der Saison eine farbliche Note geben.

## PROFITIPP:
« **Anstatt mit Zucker kann man auch mit Honig süßen. Das gibt der Creme eine besonders feine Note.**
Kurt Bortoli, Küchenchef

## WEINEMPFEHLUNG:

**TRAINER CLOS DOMAINE 2009**
**HOFKELLEREI DES FÜRSTEN VON LIECHTENSTEIN, WILFERSDORF**
Feiner Rosenduft, Blütenhonig, vollreife Frucht. Kraftvoll, mineralischer Unterbau, feinwürzig, markant und breit im Abgang.
www.hofkellerei.at



**SCHWIERIGKEITSGRAD:** MITTEL | **ZUBEREITUNGSZEIT:** 1 ½ STUNDEN

DAS **„SHAMBALA"** IST WIE GESCHAFFEN FÜR **ERICH COCHLAR**: WIENS ATEMBERAUBENDSTES DESIGN-RESTAURANT UND DER STAR, DESSEN KÜCHE ZUR HOHEN KUNST AVANCIERTE. EIN PERFEKTES SCHAUSPIEL!

# DIE FEINSTE KLINGE DER KULINARIK

Die ganze Welt ist Bühne. Und das „Shambala" im „Le Méridien" in Wien eines ihrer Theater. Abend für Abend liefert Erich Cochlar hier eine Vorstellung seiner Kochkunst, die Dramaturgie dabei ist so facettenreich, wie sich auch der „Executive Chef" in keine Schublade einordnen lassen will. Einflüsse aus der ganzen Welt bestimmen sein Handwerk. Einmal mehr mediterran, dann eher asiatisch, einmal mehr wienerisch, dann eher orientalisch, einmal experimentell, dann klassisch – aber immer Power im Geschmack. Sein prägender Lehrherr war einer der größten der österreichischen Küche: Werner Matt. Die Experimentierfreude und die feine Klinge der ausgefeilten Kulinarik saugte Cochlar im „Hotel Atlantic" in Hamburg unter Sven Büttner auf. Nun glänzt Cochlar auf der Bühne des „Le Méridien". Ein sehenswertes Schauspiel!

erich cochlar

# EIN DESIGNERLEBNIS, DAS ALLE FÜNF SINNE BEGEISTERT

Für die „Le Mériden"-Hotels wurde unter der Regie des bekannten Kulturberaters Jérôme Sans ein völlig neues, sinnliches Ankunftserlebnis für den Gast erschaffen. Ein Hotel als Spielwiese für Kreative. Purpur, Lila, Violett. Das sind die kräftigen, aber dennoch meditative Leichtigkeit verströmenden Töne, in die das Hotelrestaurant getaucht ist. Nach dem sagenhaften buddhistischen Reich heißt es „Shambala", „Quell der Freude". Es ist als „Open Space" konzipiert, von der formellen Steife gediegener Restaurants will man sich bewusst unterscheiden. Lounge-Klänge unterstreichen die Easy-going-Atmosphäre. Die außergewöhnlichen Kreationen von Erich Cochlar vervollständigen dieses Gesamterlebnis. Ein Geheimtipp: Die Terrasse, idyllisch an der Rückseite des Hotels gelegen und somit mitten im Grünen!

Shambala
Le Méridien Wien
Opernring 13, A-1010 Wien
Tel.: +43 (0) 1/58 89 00
E-Mail: info.vienna@lemeridien.com
www.starwoodhotels.com/lemeridien

# KROSS POCHIERTER SCHWEINEBAUCH
mit gelbem Rettich

FÜR 4 PERSONEN:

**SCHWEINEBAUCH:**
1 kg **Schweinebauch**
330 ml **Cola**
**Salz, Pfeffer**
**Rosmarin**
**Knoblauch**

**RETTICHSALAT:**
250 g **Rettich,** gelb, eingelegt
250 g **Rettich**
20 g **Ingwer**

**SESAM-SOJA-SAUCE:**
200 ml **Sojasauce**
2 EL **Honig**
40 g **Sesam,** geschält
10 g **Knoblauch**

**SCHWEINEBAUCH:** Haut des Schweinebauchs über Kreuz einschneiden. Cola auf 80 ml reduzieren und den Schweinebauch damit einreiben. Salzen und pfeffern. Schweinebauch mitsamt den Kräutern in einen Vakuumsack füllen und bei 75 Grad für 24 Stunden im Ofen garen. Den Schweinebauch anschließend bei 250 Grad im Backofen bei Oberhitze knusprig werden lassen.

**RETTICHSALAT:** Rettich und Ingwer reiben, gut mischen und eine Stunde ziehen lassen.

**SESAM-SOJA-SAUCE:** Honig, Knoblauch und Sojasauce vermengen, aufkochen lassen und auf 80 ml reduzieren. Sesam leicht rösten und unter die Reduktion mischen.

**ANRICHTEN:** Schweinebauch würfelig schneiden und in einem Dreieck auf dem Teller anordnen. Rettichsalat mittig zwischen den Schweinebauch-Würfeln anrichten und mit der Sesam-Soja-Sauce servieren.

**PROFITIPP:**
« **Beim Schweinebauch die Haut kurz im Wasser überkochen, dann lässt sie sich leichter einschneiden.**
Erich Cochlar, Küchenchef

**WEINEMPFEHLUNG:**

**RIESLING TERRASSEN SMARAGD 2009**
**DOMÄNE WACHAU, DÜRNSTEIN**
Eleganter Speisebegleiter mit dezenten Schiefernoten, feingliedriger Struktur und Duft nach weißen Pfirsichen.
www.domaene-wachau.at

**SCHWIERIGKEITSGRAD:** LEICHT | **ZUBEREITUNGSZEIT:** 25 MIN.

# MAIBOCK IM LANDBROTMANTEL
## mit Wirsing à la Crème und Berberitzensauce

FÜR 4 PERSONEN:

**MAIBOCK IM LANDBROTMANTEL:**
480 g **Maibockrücken**, sauber pariert
**Landbrot**
80 g **Geflügelfarce** mit **Bärlauch**
**Salz** und **Pfeffer**

**WILDJUS:**
2,5 kg **Rehknochen**
2 EL **Öl**
150 g **Zwiebeln**
60 g **Karotten**
40 g **Knollensellerie**
50 g **Tomatenmark**
300 ml **Rotwein**
1 **Lorbeerblatt**
1 Zweig **Thymian**
1 Zweig **Rosmarin**
7 **Pimentkörner**
10 schwarze **Pfefferkörner**
10 **Wacholderbeeren**
1 **Gewürznelke**

**WIRSING À LA CRÈME:**
250 g **Wirsing**
10 g **Senfkörner**, blanchiert
50 g **Butter**
**Salz, Pfeffer, Muskat**

**MAIBOCK IM LANDBROTMANTEL:** Maibock salzen, pfeffern und von allen Seiten kurz in Butter anbraten. Landbrot in 5 mm dünne Scheiben schneiden und entrinden. Den Fleischstücken entsprechend zuschneiden und auslegen, dünn mit Farce bestreichen. Rehrücken ebenfalls mit Farce bestreichen und mithilfe von Klarsichtfolie stramm in den Brotmantel einrollen. Die Enden der Folie zudrehen und 1 Stunde kalt stellen. Rehrücken im Brotteig in heißem Butterschmalz anbraten und bei 200 Grad für 6 bis 8 Minuten auf einem Gitter im Backofen zu Ende garen.

**WILDJUS:** Knochen fein zerhacken und im flachen Topf im Öl anbraten. Geputztes, zerkleinertes Gemüse 5 bis 8 Minuten mitrösten. Fett abgießen und Tomatenmark unterrühren. Nochmals kurz mitrösten. Nach und nach Wein zugießen, zwischendurch die Flüssigkeit immer wieder ganz einkochen lassen. Nach dem letzten Einkochen die Knochen mit kaltem Wasser gut bedecken, aufkochen lassen und abschäumen. Kräuter und Gewürze zufügen und bei mittlerer Hitze 2 bis 2 1/2 Stunden leicht köcheln lassen. Durch ein feines Haarsieb oder Tuch passieren und entfetten. Nach Belieben auf die gewünschte Konsistenz einköcheln.

**WIRSING À LA CRÈME:** Wirsing in feine Streifen schneiden und in schäumender Butter anschwitzen. Mit Senfkörnern, Salz, Pfeffer und Muskat würzen.

**PROFITIPP:**
« **Nehmen sie ein Landbrot vom Vortag, das lässt sich leichter verarbeiten.**
Erich Cochlar, Küchenchef

**WEINEMPFEHLUNG:**

**ZWEIGELT BARRIQUE**
**WEINGUT SALZL SEEWINKELHOF**
**ILLMITZ**
Rubinrote Farbe, vielschichtiges Bukett, harmonische Beerennote mit Steinobstanklängen.
www.salzl.at



**SCHWIERIGKEITSGRAD:** MITTEL | **ZUBEREITUNGSZEIT:** 45 MIN

# KARAMELLISIERTES MILLEFEUILLE
mit gebrannter Mascarponecreme

FÜR 4 PERSONEN:

**MASCARPONECREME:**
500 g **Mascarpone**
150 g **Eiweiß**
150 g **Zucker**
120 g **Eidotter**
3 Blatt **Gelatine**
30 ml **Amaretto**

**KARAMELLISIERTER BLÄTTERTEIG:**
300 g Bio-**Blätterteig**
200 g **Zucker**
2 Blatt **Backpapier**

**ANRICHTEN:**
100 g **Himbeeren**
100 g **Himbeerfruchtsauce**
50 g **Schokolade,** aufgelöst
10 g **Minze**
50 g **Zucker,** braun

**MASCARPONECREME:** Eiweiß mit der Hälfte des Zuckers steif schlagen. Die andere Hälfte des Zuckers mit Eidotter weißschaumig aufschlagen. Gelatine einweichen. Mascarpone glatt rühren und unter die Eidotter-Zucker-Masse ziehen. Die Gelatine ausdrücken und in heißem Amaretto auflösen, angleichen und unter die Mascarpone-Ei-Mischung ziehen. Zum Schluss das steif geschlagene Eiweiß vorsichtig unterheben.

**KARAMELLISIERTER BLÄTTERTEIG:** Blätterteig backblechgroß ausrollen bzw. zurechtschneiden. Auf die eine Lage Backpapier geben und dicht mit Zucker bestreuen. Handwarmen Bio-Blätterteig auf das gezuckerte Backpapier legen, die Blätterteigoberseite mit dem Rest des Zuckers bestreuen. Das zweite Stück Backpapier auf den gezuckerten Blätterteig legen und leicht andrücken. Mit einem zweiten Backblech beschweren und 18 Minuten bei 175 Grad Umluft backen.

**ANRICHTEN:** Goldblond gebackenen Blätterteig in 10 mal 4 cm große Stücke schneiden. Zwei parallele Schokoladenstriche auf dem Teller aufbringen. 3 geschnittene Blätterteigböden zurechtlegen und die Mascarponecreme spiralförmig aufspritzen. Cremeböden aufeinandersetzen, sodass die spiralförmig aufgespritzte Mascarponecreme oben ist. Die oberste Mousseschicht mit braunem Zucker bestreuen und mit dem Bunsenbrenner karamellisieren. Mit drei Himbeeren und der Minze garnieren.

**PROFITIPP:**
« **Setzen Sie das Dessert erst kurz vor dem Verzehr zusammen, dann bleibt es knusprig.**
Erich Cochlar, Küchenchef

**WEINEMPFEHLUNG:**

**SAUVIGNON BLANC**
**TROCKENBEERENAUSLESE 2006**
WEINGUT POLZ
HOCHGRASSNITZBERG, SPIELFELD
Tiefe, feinwürzige Aromen; Fenchel und Dill mit zart-rauchigen Würzaromen www.polz.co.at

**SCHWIERIGKEITSGRAD:** MITTEL | **ZUBEREITUNGSZEIT:** 35 MIN

DIE HOHE KUNST DER STERNEKÜCHE WURDE **WALTER SCHULZ** NACH KNAPP DREI JAHRZEHNTEN ZU LANGWEILIG. IM **„STADTGASTHAUS EISVOGEL“** ZELEBRIERT ER NUN EINE LÄNGST VERGESSENE WIENER KÜCHE.

# WÄCHTER DER GUTEN TRADITION

Bauernschmaus oder gefüllte Kalbsbrust? Paprika-Hendl oder Reisfleisch? Walter Schulz setzt im „Stadtgasthaus Eisvogel“ das um, was seinerzeit Großmutters Küche ausmachte: einfache, bodenständige Gerichte gemäß der hohen Wiener Tradition. Schulz stillt kulinarische Sehnsüchte aus fernen Kindheitstagen und bringt sie auf höchstem Niveau in kreativer Neuinterpretation auf die Teller. Immerhin stand er 27 Jahre im Dienste des „Steirerecks“ und prägte somit bis zur Position des Souschefs einen wesentlichen Teil österreichischer Gasto-Geschichte mit. „Nach so langer Zeit in der Sterneküche wollte ich wieder zu den Wurzeln zurückkehren und meinen Gästen das bieten, was ich selbst am liebsten esse.“ Schulz hoffte, so auch einen Bogen um Kritiker und Auszeichnungen zu machen. Vergebens. Sie spürten ihn auf und lobten den „Eisvogel“ in höchsten Tönen.

W.Schulz

# DAS ROMANTISCHSTE GENUSS-ERLEBNIS IM GANZEN LAND

Schon vor mehr als 200 Jahren stand der „Eisvogel“ auf der Speisekarte der Wiener Hautevolee. „Wer damals was von sich gehalten hat, genoss hier gehobene Wiener Hausmannskost mit Blick auf das Wiener Riesenrad“, erzählt Geschäftsführer Herbert Schmid. Zwar ist der alte „Eisvogel“ 1945 abgebrannt, doch lebt die Legende im neu erbauten „Stadtgasthaus Eisvogel“ seit 2008 weiter. Das Flair im großen Gasthaus mit 120 Plätzen beeindruckt wie seinerzeit, die Gastterrasse gibt zudem einen wunderbaren Blick auf das nur wenige Meter entfernte Wiener Riesenrad frei. Und genau dort wartet „Eisvogel“ mit dem wohl romantischsten Kulinarik-Angebot Österreichs auf: Exklusiv deckt man hier nämlich in einem Privat-Waggon einen Tisch und serviert samt Butler ein Candle-Light-Dinner mit Blick über die Stadt. Genial!

Stadtgasthaus Eisvogel
Riesenradplatz 5
A-1022 Wien
Tel.: +43 (0) 1/908 11 87
E-Mail: reservierung@stadtgasthaus-eisvogel.at
www.stadtgasthaus-eisvogel.at

# WIENER WEINBERGSCHNECKEN
mit Mark, im Knochen serviert

FÜR 4 PERSONEN:

**WEINBERGSCHNECKEN:**
12 **Markknochen** (5 cm)
12 **Weinbergschnecken**
100 g **Kräuterbutter**

**KNOBLAUCHSCHAUM:**
1 **Knollensellerie**
1 **Zwiebel**
60 ml **Weißwein**
250 ml **Obers**
5 **Knoblauchzehen**
**Salz**, **Pfeffer**, **Muskat**

**KRÄUTER-ERDÄPFEL-PÜREE:**
6 **Erdäpfel**
100 g **Butter**
62 ml **Milch**
2 EL frisch gehackte **Kräuter** (Petersilie, Kerbel)
**Salz**, **Muskat**

**ANRICHTEN:**
**Erbsensprossen** oder saisonale **Kräuter** als Garnitur

**VORBEREITUNG:** Knochenmark aus den Knochen drücken und anschließend das Mark mindestens 24 Stunden in kaltem Wasser auswässern. Das Wasser des Öftern wechseln. Danach in fünf Millimeter große Würfel schneiden. Die Knochen ordentlich auskochen und putzen.

**WEINBERGSCHNECKEN:** Die Schnecken halbieren, in Kräuterbutter anbraten und kurz vor dem Servieren das Knochenmark unterheben.

**KNOBLAUCHSCHAUM:** Zwiebel, Knoblauch und Sellerie würfelig schneiden, anbraten und mit Weißwein ablöschen. 60 ml Wasser beifügen. Alle Zutaten weich kochen, pürieren, passieren, mit Obers vollenden und mit Salz, Pfeffer und Muskat abschmecken.

**KRÄUTER-ERDÄPFEL-PÜREE:** Die Erdäpfel im Salzwasser weich kochen, passieren und mit Butter, Milch, Salz, Muskat und frischen Kräutern glatt rühren.

**ANRICHTEN:** Zuerst wird das Erdäpfelpüree in die Knochen gefüllt und auf den Tellern angerichtet. Danach die Schnecken auf die gefüllten Knochen legen und Knoblauchschaum darauf verteilen. Zusätzlich eine der Schnecken davor drappieren. Als Garnitur können Erbsensprossen oder andere saisonale Kräuter verwendet werden.

**PROFITIPP:**

« **Bei uns werden die Markknochen mit Wasserstoffperoxid gebleicht. Das gibt ihnen die reine weiße Farbe.**
Walter Schulz, Küchenchef

**WEINEMPFEHLUNG:**

**WIENER GEMISCHTER SATZ 2008**
**NUSSBERG ALTE REBEN**
**WEINGUT WIENINGER**
**WIEN, STAMMERSDORF**
Ein fulminanter Wein mit viel Power! www.wieninger.at



**SCHWIERIGKEITSGRAD:** LEICHT | **ZUBEREITUNGSZEIT:** 30 MIN.

# GEBRATENE FORELLE
## mit Flusskrebsen und Semmelkrensauce

FÜR 4 PERSONEN:

**SEMMELKREN:**
10 **Schalotten,** gehackt
etwas **Butter**
3 altbackene **Kaisersemmeln**
250 ml **Rindsuppe**
2 **Safranfäden**
125 ml **Obers**
**Kren, Salz, Pfeffer**

**FORELLE:**
4 **Forellenfilets,** entgrätet, ohne Haut
**Salz, Pfeffer**
2 **Eidotter**
**Weißbrotwürfel** von 6 leicht gerösteten Toastscheiben

**FLUSSKREBSE:**
16 **Flusskrebse,** ausgelöst
16 **Karottenscheiben,** längs geschnitten, gekocht

**ANRICHTEN:**
4 **Flusskrebsscheren** und saisonale **Kräuter** als Garnitur

**SEMMELKREN:** Die Schalotten in Butter anschwitzen und die in Scheiben geschnittenen Semmeln dazugeben. Mit Rindsuppe aufgießen. Safran und Obers beimengen und kurz ziehen lassen. Mit Kren, Salz und Pfeffer abschmecken und durch ein Sieb passieren.

**FORELLEN UND FLUSSKREBSE:** Zuerst die Forellenfilets salzen und pfeffern und mit den Eidottern bestreichen. Anschließend mit den Weißbrotwürfel belegen und leicht andrücken. In der Pfanne die Filets auf der Weißbrotseite goldgelb anbraten, wenden und im vorgeheizten Backrohr bei 170 Grad etwa 2 Minuten fertig backen.

**FLUSSKREBSE:** Die Krebse in die Karottenscheiben einrollen und in der Semmelkrensauce erwärmen.

**ANRICHTEN:** Je 4 der mit Flusskrebsen gefüllten Karottenröllchen abwechselnd mit frischen Kräutern auf den Teller legen. Die Forellenfilets daraufsetzen und mit der Flusskrebsschere garnieren. Zum Schluss die Semmelkrensauce an der Seite des Filets verteilen.

**PROFITIPP:**
« **Eine besondere Note bekommt die Semmelkrensauce, wenn Sie 1–2 rohe Eidotter einrühren.**
Walter Schulz, Küchenchef

**WEINEMPFEHLUNG:**

**RIESLING LANGTEUFEL 2008**
**NUSSBERG**
**WEINGUT ZAHEL**
**WIEN, MAUER**
Harmonisch reifer Sortenvertreter aus der klassischen Wiener Lage.
www.zahel.at



**SCHWIERIGKEITSGRAD:** MITTEL | **ZUBEREITUNGSZEIT:** 30 MIN.

# WIENER MOHNNUDELN
mit Powidleis

FÜR 4 PERSONEN:

**MOHNNUDELN:**
250 g **Kartoffeln**
100 g **Mehl**, griffig
25 g **Durum-Grieß**
25 g **Butter**, halbweich
1 **Dotter**
**Salz**
100 g **Staubzucker**
150 g **Graumohn**, gerieben
100 g **Butter**, flüssig
**Staubzucker** zum Bestreuen

**POWIDLEIS:**
250 ml **Milch**
125 ml **Obers**
30 ml **Rum**
1 Prise **Vanillezucker**
125 g **Powidl**
1 Prise **Zimt**
etwas **Zitronenschale**
80 g **Graumohn**, gerieben
3 **Dotter**
80 g **Kristallzucker**

**MOHNNUDELN:** Die Kartoffeln mit der Schale kochen. Anschließend schälen, passieren und noch heiß weiterverarbeiten. Mehl, Grieß, Butter, Dotter und Salz mit den Kartoffeln rasch zu einem glatten Teig verarbeiten. Zu Nudeln mit einer Länge von 20 cm formen und in reichlich Salzwasser kochen. Abtropfen lassen, kurz in flüssiger Butter schwenken. Anschließend nochmals in der Mohn-Zucker-Mischung schwenken.

**POWIDLEIS:** Milch mit Obers, Rum, Vanillezucker, Powidl, Zimt und Zitronenschale aufkochen. Den Mohn in die kochende Flüssigkeit einrühren. Die Dotter mit dem Zucker schaumig schlagen. Die Powidl-Mohn-Masse in heißem Zustand der schaumigen Dottermasse beigeben und weiterrühren. Danach schnell den Topf mit der Masse in einer Eiswasserschale abkühlen und das Eis in der Eismaschine gefrieren.

**ANRICHTEN:** Die Mohnnudeln auf den Teller legen, mit Staubzucker bestreuen und sofort servieren. Das Powidl-Mohn-Eis dazureichen. Alternativ kann natürlich auch Vanilleeis kredenzt werden.

**PROFITIPP:**
« **Bei den Mohnnudeln achten Sie darauf, den Teig mit den noch heißen Kartoffeln sofort zu verarbeiten. Sonst kann es vorkommen, dass die Masse zäh wird.**
Walter Schulz, Küchenchef

**WEINEMPFEHLUNG:**

**OR LIQUIDE 2008**
WEINGUT CHRIST
WIEN, JEDLERSDORF
Fruchtige Beerenauslese.
www.weingut-christ.at



**SCHWIERIGKEITSGRAD:** LEICHT | **ZUBEREITUNGSZEIT:** 45–60 MIN.

KAUM EIN ANDERER KOCH ENTLOCKT DEN PRODUKTEN SO VIEL GESCHMACK WIE **HEINZ REITBAUER**. IN WIEN HAT ER DER SPITZENGASTRONOMIE ZU NEUEM GLANZ VERHOLFEN!

# MEISTER DER GENÜSSE

Für den guten Geschmack ist Heinz Reitbauer kein Aufwand zu hoch. „Das beste Gericht beginnt mit einem Produkt der höchsten Qualität“, sagt er. Aus diesem Grund findet er die Zutaten zu seinen genialen Kreationen bei den Top-Produzenten des Landes, die zum Teil exklusiv für das „Steirereck“ liefern. Die kulinarische Genialität freilich wurde ihm in die Wiege gelegt. Die Eltern, Heinz und Margarete, ebneten als Österreichs Pioniere in der Spitzengastronomie den Weg für die Karriere ihres Sprösslings. Sein Talent perfektionierte Reitbauer in den besten Häusern der Welt, angefangen bei den Obauers in Werfen bis hin zu Alain Chapel/Mionnay in Lyon und Mosimann in London. Sein Erfolgsgeheimnis ist so banal wie genial: Den besten Produkten der Saison entlockt Reitbauer den vollsten Geschmack.

# ROT-WEISS-ROTE KEIMZELLE DES GUTEN GESCHMACKS

Einst wollte Heinz Reitbauer Architekt werden. Wie viel Talent er dazu hat, zeigt sich allein in der Einrichtung des „Steirereck im Stadtpark". Gemeinsam mit seiner Frau Birgit sorgt Reitbauer hier auch für optischen Hochgenuss und Raffinesse, die sich im Detail widerspiegelt. Nicht umsonst zählt das „Steirereck" zu den besten und schönsten 25 Restaurants der Welt. Für die österreichischen Feinschmecker ist sein Restaurant schlicht die Keimzelle des guten Geschmacks! Denn nicht nur das „Steirereck" verführt mit den besten Kreationen, die das Land zu bieten hat – im selben Gebäude inszeniert Reitbauer mit der „Meierei" ein helles, fröhliches Lokal, in dem alles dem Käse untergeordnet ist. Ganz nebenbei wissen mittlerweile nicht nur die Wiener, dass man hier auch das beste Frühstück der Stadt genießt.

Steirereck im Stadtpark
Am Heumarkt 2a
A-1030 Wien
Tel.: +43 (0) 1/713 31 68
E-Mail: wien@steirereck.at
www.steirereck.at

SCHAF
de
Brebis
66 SCHAF
Perail de
Brebis

# BETA-SWEET-KAROTTE

## mit Apfel-Rohkost-Marmelade, Basilikum & Erdnussöl

FÜR 4 PERSONEN:

**BETA-SWEET-KAROTTE:**
10 junge **Karotten**
100 ml **Apfelessig**
100 g **Zucker**
100 g **Bier-Rettich**
**Karottensaft**
1 **Kohlrabi**
350 g **Beta-Sweet-Karotten**
40 ml **Olivenöl**
Saft einer **Limette**
**Salz**, **Zucker**
1 Tasse **Senfkohl**

**APFEL-ROHKOST-MARMELADE:**
1 **grüner Apfel**
125 ml **Apfelsaft,** naturtrüb
4 g **Pektin**
Mark ½ **Vanilleschote**

**MARINADE:**
250 ml **Karottensaft**
125 ml **Apfelsaft,** naturtrüb
125 ml **Verjus**
0,25 g **Guarkernmehl**
24 g **Erdnussöl** (Fandler)

**BASILIKUMSAFT:**
20 g **Basilikum**
125 ml **Apfelsaft,** naturtrüb

**BETA-SWEET-KAROTTE:** Apfelessig und Zucker mixen. Die Karotten schälen, halbieren, blanchieren und noch warm in den Apfelessig einlegen. Kühl stellen. Den Bier-Rettich schälen, fein schneiden und kurz im Karottensaft blanchieren. Den Kohlrabi schälen und in 1,5 mm dünne Bänder schneiden (etwa 10 mal 2 cm). Die Beta-Sweet-Karotten schälen und in feine, etwa 4 cm lange Stiftchen schneiden. Zusammen mit dem Bier-Rettich und den marinierten Karotten bündeln. Mit den Kohlrabi-Bändern fixieren und unten gerade abschneiden. Olivenöl mit Limettensaft, Salz und Zucker vermengen und darin die Karottenbündel und den Senfkohl marinieren.

**APFEL-ROHKOST-MARMELADE:** Den Apfelsaft kalt mit Pektin mixen, Vanillemark zugeben und 2 bis 3 Minuten kochen. Abkühlen lassen. Den Apfel fein reiben, mit dem gelierten Apfelsaft vermengen und kühl stellen.

**MARINADE:** Karottensaft, Apfelsaft und Verjus auf ein Drittel einkochen, mit Guarkernmehl binden und mit Erdnussöl vermengen.

**BASILIKUMSAFT:** Basilikum mit Eiswürfeln und Apfelsaft fein mixen und passieren.

**ANRICHTEN:** In vier leicht vertieften Tellern anrichten. Mit Senfkohl und Marmelade garnieren und mit Karottenmarinade und Basilikumsaft servieren.

### PROFITIPP:

« **Die Beta-Sweet-Karotte ist eine Kreuzung zwischen der Urkarotte und der heute bekannten Gemüsekarotte. In rohem Zustand schmeckt sie sehr aromatisch, süß und saftig.**
Heinz Reitbauer jun., Küchenchef

### WEINEMPFEHLUNG:

**SAUVIGNON BLANC 2009**
HOCHSTERMETZBERG
WEINGUT WOLFGANG MAITZ
RATSCH AN DER WEINSTRASSE
Reife, zurückhaltende Aromen wie Senf und Kräuter.
www.maitz.co.at



**SCHWIERIGKEITSGRAD:** LEICHT | **ZUBEREITUNGSZEIT:** 30 MIN.

# SCHNEEBERGLAND-ENTE

## mit jungem Rotkraut und Rollgerste

FÜR 4 PERSONEN:

**ROLLGERSTE:**
100 g **Rollgerste**
250 ml **Hühnerfond**

**ROTKRAUTSCHALOTTEN:**
½ **Rotkraut** (inneres Herz beiseitestellen)
30 g **Walnussöl**
15 g **Balsamessig,** weiß
300 g **Schalotten,** geschält
1 EL **Butter**
¼ l **Rotwein**
50 g **Orangensaft**
8 g frischer **Ingwer,** geschält
20 g gedörrte **Äpfel**
2 **Wacholderbeeren**
5 **Pimentkörner, Salz**

**ENTENBRÜSTE:**
4 **Entenbrüste** mit Knochen (Schneebergland-Pekingente)
20 g **Entenfett**
1 **Renette-Apfel**
1 **Navette** (Mairübe)
¼ l **Apfelsaft**
½ **Zitronengras** und
5 g **Ingwer**
½ **Chilischote**

**ROLLGERSTE:** Rollgerste mit Hühnerfond und etwa 250 ml Wasser wie ein Risotto zubereiten, salzen.

**ROTKRAUTSCHALOTTEN:** Rotkraut entsaften, aufkochen und fein passieren. Die Hälfte des Rotkrautsaftes sirupartig reduzieren. Mit Walnussöl, Balsamessig und Salz abschmecken. Schalotten der Länge nach halbieren und in feine Streifen schneiden, in Butter anschwitzen. Ingwer und gedörrte Äpfel in feine Würfel schneiden und zufügen, mit Rotwein und Orangensaft nach und nach aufgießen und einkochen. Den restlichen Rotkrautsaft zugeben, einkochen und mit Salz, Pimentkörnern und Wacholderbeeren würzen.

**ENTENBRÜSTE:** Die Entenbrüste leicht plattieren, salzen und in Entenfett anbraten. Bei 170 Grad Umluft 13 Minuten rosa braten. 10 Minuten ruhen lassen. Vor dem Anrichten die Brustknochen auslösen und aufschneiden.

**ANRICHTEN:** Rotkraut-Herz in einzelne Blätter zerteilen, halbieren und den Strunk entfernen. Bei 100 Grad 5 Minuten dämpfen und mit dem Rotkrautlack marinieren. Apfelsaft mit Zitronengras, Ingwer und Chili aufkochen, 5 Minuten ziehen lassen und abseihen. Renette-Apfel und Navette schälen, in 1 mm dicke Scheiben schneiden und im Saft marinieren. Navette mit dem Rotkrautlack marinieren und abwechselnd mit den Apfelscheiben den Tellern anrichten.

**PROFITIPP:**

« **Statt der Äpfel und der Navette können auch Birnen ins Rotkraut eingearbeitet werden.**

Heinz Reitbauer jun., Küchenchef

**WEINEMPFEHLUNG:**

**ST. LAURENT HAIDEGRUND 2006**
**WEINGUT SCHLOSS GOBELSBURG**
**GOBELSBURG, KAMPTAL**

Schöne Beeren-Kirsch-Frucht, von edlen Holznoten umrahmt, von Tabak sanft gestützt. Seidig-delikate Struktur mit viel Finesse.
www.gobelsburg.at



**SCHWIERIGKEITSGRAD:** SCHWER | **ZUBEREITUNGSZEIT:** 1 STUNDE

# MILCHREIS

warm – kalt – knusprig – luftig

FÜR 4 PERSONEN:

**PUFFREIS:**
400 g roter **Reis**, Camargue
1 l **Pflanzenöl** zum Frittieren

**MILCHREIS-EIS:**
200 g schwarzer **Reis**, Venere
250 ml **Milch**
200 ml **Obers**
100 g **Kristallzucker**
150 g **Eigelb**

**KARAMELLISIERTE MILCH:**
500 ml **Milch**
1 TL **Soda** (Natriumbicarbonat)
250 g **Kristallzucker**

**GEBACKENE SCHOKOLADE:**
30 g **Milchschokolade**, weiß

**MILCHREIS:**
600 ml **Milch**
100 g **Kristallzucker**
1 **Vanilleschote**
1 **Zimtrinde**
300 g **grüner Bamboo-Reis**

**ZIMTMILCH:**
250 g **Milch**
80 g **Kristallzucker**
2 **Zimtrinden**

**PUFFREIS:** Roten Reis in reichlich Wasser etwa 50 Minuten weich kochen. Abschwemmen und im Backrohr (offener Spalt) bei 70 Grad komplett austrocknen lassen. Im 200 Grad heißen Pflanzenöl aufpoppen lassen.

**MILCHREIS-EIS:** Schwarzen Reis und Milch aufkochen, 1 Stunde ziehen lassen. Fein passieren und mit Obers und Zucker aufkochen. Reismilch mit dem schaumig geschlagenen Eigelb bei geringer Hitze vermengen. Alles gefrieren lassen.

**KARAMELLISIERTE MILCH:** Zucker hell karamellisieren und mit Milch aufgießen. Vom Feuer ziehen, Soda einrühren und bis zum dickflüssigen Karamell einkochen (ca. 30 Minuten).

**GEBACKENE SCHOKOLADE:** Die weiße Schokolade in kleine Würfel schneiden, auf Backpapier ausbreiten und 5 bis 8 Minuten bei 180 Grad goldgelb backen. Abkühlen lassen und fein hacken.

**MILCHREIS:** Milch mit Zucker, Vanillemark und Zimtrinde aufkochen. Grünen Reis einkochen und unter ständigem Rühren weich kochen (etwa 35 Minuten).

**ZIMTMILCH:** Milch, Zucker und die Zimtrinde kurz aufkochen und danach ziehen lassen. Abseihen und vor dem Anrichten aufschäumen.

**ANRICHTEN:** Das Eis im knusprigen Reis wälzen und mit dem warmen Milchreis auf der karamellisierten Milch anrichten. Mit der gebackenen Milch-Schokolade und dem Milchschaum servieren.

**PROFITIPP:**

« **Wer nicht so viel Wert auf die unterschiedlichen Reisfarben legt, kann auch nur eine Sorte Reis verwenden. Den Puffreis gibt es bereits fertig zu kaufen.**
Heinz Reitbauer jun., Küchenchef

**WEINEMPFEHLUNG:**

**EISWEIN GRÜNER VELTLINER 2008**
WEINGUT PRECHTL
ZELLERNDORF, WEINVIERTEL
Leuchtend goldgelbe Farbe. Am Gaumen feine Pfirsich-Frucht, saftige Säure und feine Süße; ein lebendiges Spiel am Gaumen, Honignoten im Nachhall, gutes Reifepotenzial. www.prechtl.at

**SCHWIERIGKEITSGRAD:** MITTEL | **ZUBEREITUNGSZEIT:** 45 MIN.

## |S|



## |T|



## |W|



## |Z|

**OUTTAKES:** WIR HABEN SIE INTERVIEWT UND WIR HABEN MIT IHNEN GEKOCHT – DIE **11 HERDKÜNSTLER** DIESES BUCHS GLÄNZEN NICHT NUR MIT KULINARISCHER GENIALITÄT, SONDERN AUCH MIT HUMOR!

# DIE LUSTIGSTEN SEITEN DIESES KOCHBUCHS

Köche sind wohl eine ganz eigene Spezies. Böse Zungen behaupten ja, das liege daran, dass sie in den Küchen dieser Welt kaum Sonnenlicht abbekommen. So viel können wir widerlegen: In den 11 Küchenchefs, die wir für dieses Kochbuch besuchten, mit denen wir gemeinsam den Kochlöffel schwingen durften und die Pfannen zum Zischen brachten, stecken Esprit, Humor, Charme und vor allem eine riesengroße Portion Leidenschaft für ihren Beruf. Doch einmal vor die Linse der Kamera unseres Fotografen geholt, überraschen sie mit schauspielerischem Talent. Da wird eine Jacqueline Pfeiffer zur Traumtänzerin über den Dächern Wiens und Helmut Österreicher, der „Koch des Jahrzehnts", zum Werbeträger seiner eigenen Geschirrlinie. Dazugeschwindelt im bunten Bilderbogen haben sich auch Autor und Fotograf dieses Buchs. Schon gefunden?

Empfehlung
Jahrgangs Sardinen
2006
2008
€ 10,50

# ADRESSEN ALLER BETRIEBE

**ANNA SACHER**
Hotel Sacher / Philharmonikerstraße 4 / A-1010 Wien
Tel.: +43 (0) 1/51 45 60 / E-Mail: wien@sacher.com
www.sacher.com

**AT EIGHT**
The Ring Hotel / Kärntner Ring 8 / A-1010 Wien
Tel.: +43 (0) 1/221 22 38 30 / E-Mail: ateight@jjwhotels.com
www.ateight-restaurant.com

**KULINARIUM7**
Sigmundsgasse 1/1 / A-1070 Wien
Tel.: +43 (0) 1/522 33 77 / E-Mail: info@kulinarium7.at
www.kulinarium7.at

**LE CIEL**
Grand Hotel / Kärntner Ring 9 / A-1010 Wien
Tel.: +43 (0) 1/515 80 91 00
E-Mail: leciel@grandhotelwien.com / www.leciel.at

**LE SALZGRIES PARIS**
Marc Aurel Straße 6 / A-1010 Wien
Tel.: +43 (0) 1/533 40 30 / E-Mail: restaurant@le-salzgries.at
www.le-salzgries.at

**LE SIÈCLE**
Radisson Blu Palais-Hotel / Parkring 16 / A-1010 Wien
Tel.: +43 (0) 1/515 17-34 40
E-Mail: lesiecle@radissonblu.com
www.restaurantlesiecle.at

**ÖSTERREICHER IM MAK**
Stubenring 5 / A-1010 Wien
Tel.: +43 (0) 1/714 01 21
E-Mail: reservierung@oesterreicherimmak.at
www.oesterreicherimmak.at

**RUBENS**
Fürstengasse 1 / A-1090 Wien
Tel.: +43 (0) 1/319 57 67-310
E-Mail: office@rubens-restaurant.at
www.liechtensteinmuseum.at

**SHAMBALA**
Le Méridien Wien / Opernring 13 / A-1010 Wien
Tel.: +43 (0) 1/58 89 00
E-Mail: info.vienna@lemeridien.com
www.starwoodhotels.com/lemeridien

**STADTGASTHAUS EISVOGEL**
Riesenradplatz 5 / A-1022 Wien
Tel.: +43 (0) 1/908 11 87
E-Mail: reservierung@stadtgasthaus-eisvogel.at
www.stadtgasthaus-eisvogel.at

**STEIRERECK IM STADTPARK**
Am Heumarkt 2a / A-1030 Wien
Tel.: +43 (0) 1/713 31 68 / E-Mail: wien@steirereck.at
www.steirereck.at

## IMPRESSUM

Vielen Dank an alle beteiligten Köche und Gastgeber.

Ein „GourmetReise-Edition"-Kochbuch des M.V. Verlages.
www.gourmetreise.com

© 2010 by M.V. Medienconsulting & VerlagsgmbH, Graz
Alle Rechte, auch die des auszugsweisen Abdrucks oder der Reproduktion einer Abbildung, sind vorbehalten. Das Werk einschließlich aller seiner Teile ist urheberrechtlich geschützt. Jede Verwertung ohne Zustimmung des Verlages ist unzulässig. Dies gilt insbesondere für Vervielfältigungen, Übersetzungen, Mikroverfilmungen und die Einspeicherung sowie Verarbeitung in elektronische Systeme.

Redaktionell verantwortlich für den Inhalt: Michael Pech
Idee & Konzept: Jürgen Pichler, Hanspeter Pronegg
Projektleitung: Silvana Zettinig
Autor: Michael Pech
Rezeptredaktion: Nina Beutler
Art-Direction: Hanspeter Pronegg
Fotografie: Werner Krug, www.derkrug.at
Druck: Niederösterreichisches Pressehaus
printed in Austria
ISBN 978-3950190168
www.gourmetreise.com